세상에 밀리지 않는
심리기술

Feat. 그리스 로마 신화

세상에
밀리지 않는

심리기술

Feat.
그리스 로마 신화

류성창 지음

netmaru

추천사

과학과 철학도 역사도 있기 전에 옛사람들은 세상을 이해하고 잘 살아갈 지혜를 얻기 위해 다채로운 신화를 빚어냈습니다. 케케묵은 것 같은 신화를 곱씹고 그 깊은 의미를 새롭게 퍼 올린다면, 지금 우리가 직면한 문제들을 풀어나갈 실마리를 찾을 수 있습니다. 이 책은 그리스 로마 신화의 흥미로운 이야기들을 내면, 성장, 관계, 균형이라는 네 개의 키워드로 풀어내면서 시공간을 초월하는 지혜의 불빛을 환하게 밝힙니다. 그 불빛을 따라가다 보면, 어느덧 행복한 마음을 느낄 것입니다.

김헌(서울대 인문학연구원 교수)

M. 스캇 펙 이라는 미국의 정신과의사는 '아직도 가야할 길'이라는 그의 저서 첫 문장을 '삶은 고해다'라고 시작했습니다. '모든 인간이 꿈꾸는 것이 행복한 인생인데, 삶이 고해라니?' 인정하고 싶지 않은 문장을 염두에 두고 오랫동안 행복을 찾으며 그 말의 의미를 깨달아 가고 있을 즈음, 이 책의 작가는 행복은 변수(變數)이지만 불행은 상수(常數)라는 말로 깨달음의 깊이를 더해 주었습니다. 인생의 행복을 꿈꾸는 분들, 행복을 방해하는 요인을 극복해보고 싶은 분들은 신화 속 주인공이 되어 이 책을 읽어보시는 것을 추천합니다.

하요상(공주교육대학교 교수, 한국초등상담교육학회 회장)

현대 사회에서 성공적인 삶을 살기 위해서는 균형 잡힌 인간관계가 필요합니다. 이 책은 그리스 로마 신화의 지혜를 현대적으로 재해석하여, 우리의 내면, 성장, 관계, 그리고 삶의 균형에 대한 통찰을 제공합니다. 모든 연령대의 독자들에게 유용한 이 책은 자아 성찰부터 대인 관계, 직장 생활의 고민까지 다양한 주제를 다루며, 독자들에게 심리 기술을 활용한 실질적인 해결책을 제시합니다. 신화 속 인물들의 이야기를 통해 우리의 일상적 고민을 새로운 시각으로 바라볼 수 있게 해주는 이 책은, 현대인들이 세상에 밀리지 않고 당당히 살아갈 수 있는 지혜를 선사할 것입니다.

이준권(충청남도교원단체총연합회 회장, 교사크리에이터협회 회장)

글을 읽으면서 움찔했습니다. 익숙하면서도 낯선 신화 속 이야기를 들으며, 선뜻 해석하기 어려운 삶의 복합적인 인문학적 지혜를 건질 수 있다는 걸 또다시 깨달았기 때문입니다. 책 속의 물음과 답변을 자연스레 따라가다 보면, 독자는 자신도 모르게 눈 대신 가슴으로 내용이 들어올 것이 분명합니다. 그러니 신화와 심리학에 조금이라도 관심이 있는 분들은 주저하지 말고 이 책을 읽어보길 바랍니다.

이재연(고려대학교 대학원 아동코칭학과 겸임교수,
(사)한국청소년지도학회 상임이사)

: 차례

들어가는 말 · 8
그리스 로마 신화 길라잡이 · 14

첫 번째 이야기 / 내면

+ 매번 인정받고 싶은 나, 괜찮은 건가요?_파에톤 · 28
+ 피할 수 없는 운명, 받아들여야 할까요?_오이디푸스 · 48
+ 참을 수 없는 유혹, 어떻게 하면 좋을까요?_오디세우스 · 68
+ 직장 생활에 회의감이 듭니다_시시포스 · 84
+ 나도 모르게 꼰대가 되었습니다_크로노스 · 98

두 번째 이야기 / 성장

+ 겸손하면 성공한다. 과연 맞을까요?_아라크네 · 114
+ 당신의 멘토는 누구인가요?_텔레마코스, 아테네 · 128
+ 노력은 배신하지 않을까요?_헤파이스토스 · 144
+ 도전과 안정, 무엇을 선택할 건가요?_오디세우스 · 156
+ 당신의 열정은 남아있나요?_제우스 · 170

세 번째 이야기 / 관계

+ 좋은 관계, 적당한 관심에서 시작합니다_페르세포네 · 182
+ 협업이 필요한가요?_제우스 · 198
+ 약속은 모두 지켜야 하나요?_ 스틱스 · 212
+ 주변에 쓴소리하는 사람이 있나요?_카산드라 · 222
+ 직장 상사와 잘 지낼 수 있을까요?_프로메테우스 · 238

네 번째 이야기 / 균형

+ 내 삶에 변화를 주고 싶어요_카오스, 코스모스 · 256
+ 단순한 희망은 절망의 시작입니다_판도라 · 264
+ 원칙과 융통성, 무엇이 더 중요할까요?_프로크루스테스 · 276
+ 과정과 결과, 무엇이 더 중요한가요?_메데이아 · 288
+ 시작보다 끝이 더 중요합니다_벨레로폰 · 304

그리스 로마 신화와 함께하는 별자리 이야기 · 318
그리스 로마 신화와 함께하는 브랜드 이야기 · 342

⁞ 들어가는 말

여러분은 밤하늘의 별을 관찰한 적 있나요?

　제가 사는 지역은 별이 선명하게 보이지 않습니다. 가로등과 건물에서 나오는 빛이 밝아 별빛이 묻히기 때문입니다. 하지만 도심을 떠나 교외로 나가면 밤하늘을 예쁘게 수놓은 별을 관찰할 수 있습니다. 저는 답답한 마음이 들거나 고민이 생길 때 교외로 떠나 밤하늘의 별을 관찰하곤 합니다.

　대학 시절 별을 관찰하는 동아리에 가입해서 활동했고, 별자리를 주제로 하는 대회에 참가해 입상한 적도 있습니다. 교사가 된 후, 별을 볼 수 있는 체험학습이나 별자리 전문가 초청 수업 기회가 생기면 학생들과 함께 최대한 참가하려 노력했죠. 그래서 별에 대해 초등학생 정도는 충분히 가르칠 수 있는 지식을 갖추었다 여겼습니다. 하지만 어느 날 5살 된 첫째 딸의 질문에 말문이 턱 막히더군요.

　"아빠 작은곰자리는 누가 만든거야? 왜 저게 작은곰자리야?"

　과학적 지식이 아니라 인문학적 지식, 신화에 대한 이해가 필요한 순간이었습니다. 제가 신화를 공부하게 된 계기는 이처럼 단순했습니다.

이미 4차 산업혁명 시대를 살아가는 우리에게 신화란 그저 옛날 이야기로 보이기 쉽습니다. 신화에 등장하는 신들은 지옥과 천당을 오가고, 불분명한 이유로 다투다가 갑자기 또 사랑을 나누는 모습을 보입니다. 부도덕한 일이나 파렴치한 일도 서슴지 않다가, 때로는 엄청난 힘을 발휘하기도 하죠. 그래서 신화를 읽으면 막장 드라마가 떠오릅니다. 신화를 단편적으로 보면 '신화를 왜 알아야 할까?' 혹은 '사람들은 왜 신화를 좋아할까?'와 같은 의문이 생깁니다. 저도 처음 신화를 접했을 때는 그런 마음이었죠. 어째서 상상 속 이야기에 사람들이 오랫동안 열광하고 있는지 이해할 수 없었습니다. 그런데 신화와 관련된 여러 교수님의 강의를 듣고, 특히 〈김헌의 그리스 로마 신화〉*라는 책을 읽으면서 신화를 바라보는 시선이 바뀌었습니다. 신화에는 사랑과 증오, 복수, 우정 등 우리가 일상생활에서 경험할 수 있는 다양한 모습이 생생하게 묘사되어 있었습니다. 신과 영웅들이 겪는 여러 가지 상황은 우리가 지금 현실에서 겪는 모습과 다를 바 없었습니다. 이후 〈일리아스〉**와 〈오디세이아〉*** 등 그리스 로마 신화와 연관된 다양한 책을 읽기 시작했고, 점점 더 신화의 매력에 빠지게 되었습니다.

---

* 김헌(2022). 김헌의 그리스 로마 신화. 을유문화사.
** 호메로스(BC 900년경). 일리아스.
*** 호메로스(BC 900년경). 오디세이아.

신화를 왜 읽어야 할까요?

20세기 최고의 신화 해설자로 불리는 조지프 캠벨Joseph Campbell에 따르면 신화는 보편적이고 영원한 힘에 관한 이야기로, 그 힘은 우리 내면 깊은 곳에 끊임없이 영향을 미친다고 합니다. 그의 말처럼 신화는 인생의 답을 찾아 내면으로 떠나는 여행이며, 그 과정은 크고 작은 모험이자 상징으로 표현된다고 볼 수 있습니다.

과거에 저는 제 방식만이 옳다고 여기고, 남들과 비교하는 삶을 살았습니다. 그런데 인문학을 알게 되면서 나의 모습을 인정하고 상대방을 이해하는 법을 배웠습니다. 인문학은 제 행복을 가로막았던 비교 심리를 옅게 만들어 주었죠. 그래서 저는 이후 행복한 삶에는 인문학이 필요하다고 생각했고, 인문학을 공부하기 시작했습니다. 공부한 내용을 기록하며 자연스럽게 책을 썼습니다. 역사 고전인 〈사기史記〉*와 심리학 이론을 활용하여, 현대인이 겪고 있는 삶의 고민과 연계한 책을 쓰기도 했죠. 이번 책에서는 그리스 로마 신화를 통해 인문학이 우리 삶에 어떤 도움을 주는지 담아보려고 합니다.

---

* 사마천(BC 90년경). 사기.

행복한 삶,
그리스 로마 신화에서 찾을 수 있을까요?

많은 사람들이 행복을 찾기 위해 노력합니다. 그런데 행복은 점점 멀어지고 불행이 다가온다고 느끼는 경우가 많습니다. 왜 그럴까요? "행복은 변수變數이지만 불행은 상수常數"이기 때문입니다. 그러므로 행복한 삶을 살려면 행복에 집착하기보다 불행을 잘 관리해야 합니다.

그리스 로마 신화에 등장하는 인물들은 다양한 이유로 불행을 겪습니다. 헤라클래스처럼 불행을 극복하는 인물도 있지만 파에톤처럼 끝내 불행을 극복하지 못하는 인물도 있습니다. 오디세우스는 고향으로 돌아가는 도중 다양한 유혹과 고난에 빠집니다. 그의 모습을 통해 우리는 참을 수 없는 유혹을 이기는 방법을 배울 수 있습니다. 태양마차를 몰고 싶어했던 파에톤의 욕망을 통해 인정 욕구를 다스리는 방법을 알 수 있으며, 지하 세계를 선택한 페르세포네의 모습을 보며 주변 사람들과 좋은 관계를 맺는 방법을 배울 수도 있습니다. 그 밖에도 그리스 로마 신화에 등장하는 수많은 이야기는 현대인의 고민을 해결하는 데 큰 교훈을 줍니다. 우리는 이들을 보면서 '오늘날 우리는 어떻게 살아야 하는가?'를 생각해볼 수 있습니다.

저는 그리스 로마 신화 속 이야기가 우리의 삶과 밀접한 연관이 있고, 행복한 삶을 보내는 데 도움이 된다는 사실을 알리고 싶었습니다. 그래서 그리스 로마 신화 이야기를 통해 우리들이 겪는 고민을 해결하는 글을 썼습니다. 이 책을 만들기 위해 많은 도서를 참고했고, 여러 전문가들의 조언과 도움을 얻었습니다. 많은 조언과 도움을 통해 실제 삶에서 부딪히는 고민들을 지혜롭게 해결하는 해법을 이 책에 담아낼 수 있었습니다.

고대 그리스, 고대 로마와 21세기 대한민국은 시간과 공간이 완전히 다릅니다. 하지만 그리스 로마 신화에 나오는 이야기들은 시공간을 뛰어넘어 우리에게 중요한 삶의 방향을 제시해 줍니다. 이 책의 이야기는 내면, 성장, 관계, 균형으로 구성되어 있습니다. 이 책을 읽은 후 여러분들의 삶에 조금이나마 도움이 되면 좋겠습니다. 또한, 신화가 단순한 옛날이야기를 넘어 우리들의 일상에 도움을 줄 수 있다는 점을 알면 좋겠습니다. 마지막으로 그리스 로마 신화에 나오는 이야기를 자녀들에게 들려주면서, 아이들의 인문학적 소양과 풍부한 상상력을 키울 수 있는 출발점이 되길 기대합니다.

이 책은 많은 분들의 응원과 도움을 받아 완성했습니다. 다양한 고민에 대한 해결 방법을 함께 이야기하고, 자료를 제공해 준 동료들이 없었다면 이 책의 집필은 시작조차 할 수 없었을 것입니다. 그리고 책이 완성되기까지 내용을 꼼꼼하게 살펴보고 문장을 다듬어

준 선배님들의 고마움 또한 잊을 수 없습니다. 마지막으로 책을 출판함에 있어 끝까지 격려하며 함께해 준 넷마루 출판사 대표님과 편집자들께 두 손 모아 감사의 인사를 드립니다.

인문학과 아이들을 사랑하는 류성창

⁚ 그리스 로마 신화
  길라잡이

태초의 신

카오스 Chaos

카오스는 그리스 로마 신화에 등장하는 모든 신 중 가장 먼저 모습을 드러낸 신으로, 혼돈 혹은 텅 빈 공간을 뜻한다. 그리스인들은 질서를 뜻하는 코스모스가 세워지기 전의 세계를 카오스라고 불렀다.

가이아 Gaia

가이아는 '대지의 신' 혹은 '대지' 그 자체이자 '세계' 그 자체로 불리는 존재이다. 만물과 창조의 신으로 불리며 모든 것의 어머니라고 불리고, 모든 것을 지탱하는 기반으로 여겨진다.

에로스 Eros

에로스는 '성애의 신'이다. 여기서 성애라는 개념은 인간의 성적인 욕구나 욕망이 아니라 우주 전체의 생명력을 의미한다. 즉, 에로스는 우주 전체의 생명력을 담당하고 관장하기 때문에 우주 생성에서 가장 중요한 신이다. 그리스 로마 신화에서 에로스는 두 명인데 방금 소개한 신은 윗세대 에로스다. 아래 세대 에로스는 큐피드라 불리며 전쟁의 신 아레스와 미의 신 아프로디테 사이에 태어난 아들이다.

에레보스 Erebus

에레보스는 '어둠의 신' 또는 '암흑의 신'이며 어둠이나 암흑을 의인화한 신이다. 에레보스의 탄생에 대해서는 카오스로부터 태어난 아들, 카오스와 가이아의 아들, 가이아가 혼자서 낳은 아들, 이렇게 3가지 이야기가 존재한다. 밤을 의미하는 여신 닉스와 결혼하여 '낮'을 뜻하는 헤메라와 '높고 밝은 하늘' 혹은 '대기'를 뜻하는 아이테르를 낳았다고 한다.

닉스 Nyx

닉스는 '밤의 여신'으로 밤을 의인화한 존재이다. 닉스의 탄생에 대해서도 카오스가 스스로 낳은 딸, 카오스와 가이아의 딸, 가이아가 혼자서 낳은 딸이라는 3가지 이야기가 존재한다. 훗날 그녀는 올림포스를 다스리는 제우스도 감히 함부로 할 수 없는 여신으로 여겨지며, 그녀의 모습은 밤의 지배자답게 아주 아름다웠다고 한다.

타르타로스Tartaros

타르타로스는 '나락' 그 자체이며 지하의 끝에 있는 나락의 세계를 의미한다. 하늘의 신 아이테르와 대지의 신 가이아 사이에서 태어난 신으로 지상에서 타르타로스까지의 깊이는 하늘과 땅 사이의 거리와 맞먹는다고 한다. 훗날 제우스의 노여움을 사거나 신을 모독하는 인간들은 이곳에 떨어진다.

0세대의 시작

우라노스Ouranos

하늘의 신 우라노스는 0세대 신으로 하늘 혹은 천공을 뜻한다. 대지의 신 가이아의 아들이자 남편이며, 크로노스의 아버지이자 제우스의 할아버지이다. 아들 크로노스의 반란으로 신들의 왕 자리에서 쫓겨난다. 쫓겨나기 전 크로노스에 의해 성기가 잘리는 굴욕을 겪는다. 이때 우라노스의 성기에서 흘러나온 정액이 바닷물과 섞이면서 미의 여신 아프로디테가 태어난다.

티탄Titan 신족

우라노스와 가이아의 자녀들로 그리스 신화에 등장하는 거대하고 강력한 신의 종족이다. 올림포스 신들이 나타나기 전에는 크로노스를 중심으로 세상을 다스렸다. 남성 티탄 신족들은 티타네스(오케아노스, 코이오스, 히페리온, 크리오스, 이아페토스, 크로노스), 여성 티탄 신족들은 티타니데스(테티스, 테이아, 포이베, 레아, 므네모시네, 테미스)라고 한다. 훗날 크로노스의 아들 제우스가 반란을 일으켰을 때 많은 티탄들이 크로노스 편에서 싸웠으나 패배하고, 이후 제우스에 의해서 지하 세계인 타르타로스에 감금당한다.

헤카톤케이레스Hekatonkheires

헤카톤케이레스는 우라노스와 가이아의 여러 자식 가운데 특정 3명을 통칭하는 이름이다. 이들은 모두 어깨로부터 100개의 팔이 돋아 있으며, 어깨 위로는 50개의 머리가 있다. 우라노스는 헤카톤케이레스를 싫어하여 태어나자마자 지하 세계인 타르타로스에 감금했는데, 가이아는 이를 크게 슬퍼하며 분노했다. 훗날 아버지 우라노스를 물리치고 이들을 구출한 크로노스도 헤카톤케이레스의 강력한 힘을 두려워하여 다시 감금한다.

키클롭스Cyclops

가이아와 우라노스 사이에서 난 삼형제로, 이들은 모두 기상현상(천둥, 번개, 벼락)과 관련이 있다. 외눈박이 모습을 지녔으며, 뛰어난 손재주를 가졌다. 삼형제의 재주를 두려워한 우라노스는 그들을 지하 세계인 타르타로스에 감금했는데, 이에 가이아는 크게 슬퍼하고 분노했다. 훗날 아버지 우라노스를 물리치고 이들을 구출한 크로노스도 키클롭스의 강력한 힘을 두려워한 나머지 키클롭스를 다시 감금한다.

1세대의 시작

크로노스 Kronos

크로노스는 1세대 신으로 12명의 티탄 신 중 막내이다. 우라노스와 가이아의 아들이며 아버지 우라노스를 쫓아내고 지도자가 된다. 자신의 누나인 레아와 결혼하여 헤스티아, 헤라, 데메테르, 하데스, 포세이돈, 제우스까지 총 3남 3녀를 낳는다. 크로노스는 훗날 막내아들 제우스에 의해 신들의 왕 자리에서 쫓겨난다.

레아 Rhea

레아는 대지의 여신으로 우라노스와 가이아 사이에서 태어난 티탄 신이다. 그녀는 크로노스의 누나이자 아내이며, 헤스티아, 헤라, 데메테르, 하데스, 포세이돈, 제우스의 어머니다. 남편 크로노스는 우라노스의 저주를 의식해 자식들을 하나씩 잡아먹는데, 이때마다 레아는 크게 반발했다. 후일 막내아들 제우스가 크로노스를 쫓아낼 때 큰 도움을 준다.

헤스티아 Hestia

올림포스 12신 중 하나로 화로의 여신이자 가정의 수호신이다. 신화에는 자주 등장하지 않으나 매일 아침 첫 공양물을 받는 중요한 지위를 지니고 있었다.

데메테르 Demeter

데메테르는 곡식과 수확의 여신이며 기록에 따라 올림포스 12신으로 여기는 경우가 있다. 데메테르가 활동하지 않으면 식물 및 농작물이 자라지 못해 인류가 살 수 없으며 가축들도 굶어 죽는다. 그렇게 되면 결국 인간들이 신에게 제물을 바칠 수 없어서 신들도 곤란해진다. 즉, 데메테르가 파업할 때마다 신과 인간 모두 힘들어진다.

헤라 Hera

올림포스 12신인 헤라는 신화에서 최고의 여신으로 묘사된다. 신들의 왕 제우스의 아내이자 막내 누나이다. 결혼과 가정의 여신으로 숭배받으며, 대표적인 상징물은 공작이다. 헤라는 남편 제우스 사이에서 전쟁의 신 아레스, 청춘(젊음)의 여신 헤베, 출산의 여신 에일레이티이아를 낳았으며, 대장장이의 신 헤파이스토스는 헤라의 아들이지만 탄생 배경은 불분명하다.

하데스 Hades

하데스는 지하 세계(황천)를 다스리는 남신이다. 지하에서만 살기 때문에 올림포스 12신에 포함되지 않는다. 그는 크로노스와 레아 사이에서 태어났으며, 신들의 왕 제우스, 바다의 신 포세이돈 등과는 형제지간이다. 데메테르의 딸 페르세포네에게 한눈에 반해 우여곡절 끝에 그녀를 아내로 삼는다.

포세이돈 Poseidon

  올림포스 12신인 포세이돈은 바다의 남신이자 바다의 지배자이다. 신들의 왕 제우스의 작은 형으로 6남매 중 다섯째이다. 올림포스가 아닌 자신의 바닷속 궁전에 살고 있으며 분노하면 폭풍우와 지진을 일으킨다. 포세이돈을 상징하는 무기로는 키클롭스 삼형제가 만들어 준 삼지창 '트리아이나'가 있으며, 그 외에도 청동 발굽과 황금 갈기를 가진 애마가 있다.

제우스 Zeus

  올림포스 12신 중 으뜸이자 신들의 왕이다. 우라노스의 손자이자 크로노스의 6남매 중 막내이다. 헤라의 남편으로 바람기가 많다. 신화에 나오는 이름난 영웅들은 대부분 제우스의 후손들이며, 헤라에게서 태어난 아이들보다 사생아로 태어난 아이들에게서 영웅이 많이 등장한다. 제우스를 상징하는 무기로 키클롭스 삼형제가 만들어 준 번개 '아스트라페'와 방패 '아이기스'가 있다.

2세대의 시작

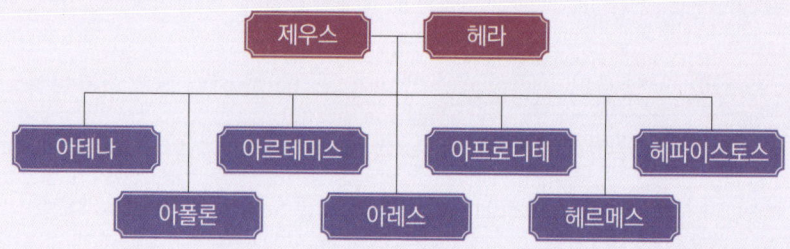

아테나Athena

　아테나는 신들의 왕 제우스와 지혜의 신인 메티스 사이에서 태어난 무남독녀 외동딸이자 제우스의 적장녀이다. 올림포스 12신 중 하나로 지혜, 전쟁, 직물, 요리, 도기, 문명의 여신이다. 고대 그리스의 폴리스 국가였던 아테네의 수호신으로 메두사의 머리가 달린 방패 '아이기스'와 뱀이 그녀의 대표적인 상징물이다. 언제나 투구와 갑옷을 입고, 손에는 창과 방패를 든 무장한 여전사의 모습을 하고 있다.

아폴론Apollon

　아폴론은 제우스와 레토의 아들이며, 아르테미스와는 쌍둥이 남매다. 올림포스 12신 중 하나로 태양, 예술, 궁술, 의술, 음악의 신이다. 그의 상징물은 월계수와 올리브 나무, 그리고 돌고래 등이 있다.

다재다능한 데다 얼굴도 잘생겼으며, 델포이에서 신탁을 내리는 신으로 유명하다.

아르테미스 Artemis

아르테미스는 제우스와 레토의 딸이며, 아폴론과는 쌍둥이 남매 사이다. 올림포스 12신의 일원으로 달과 사냥, 야생동물, 처녀성의 여신이다. 몸종들과 함께 숲에서 사냥하며 돌아다니는 야생적인 처녀의 모습을 하고 있다. 달이 비칠 때 그 모습이 나타나는데, 이때는 산짐승과 초목이 춤을 춘다고 한다. 성격이 매우 잔인하고 복수심이 강해서 그녀에게 희생된 사람이 많다.

아레스 Ares

아레스는 제우스와 헤라의 아들이며 전쟁의 신으로 불린다. 올림포스 12신의 일원으로 창, 칼, 방패, 놋쇠 갑옷, 전차, 독수리가 그의 대표적인 상징물이다. 아테나가 전략과 방어를 중시하는 것과는 반대로 아레스는 광란과 학살, 파괴적인 측면을 상징한다.

아프로디테 Aphrodite

올림포스 12신 중 하나로 미와 사랑의 여신이다. 아프로디테는 우라노스의 잘린 생식기의 피에서 태어난 것으로 알려져 있으며, 훗날 헤파이스토스의 아내가 된다.

헤르메스 Hermes

올림포스 12신 중 하나로 도둑과 나그네, 상인의 남신이자 전령의 신이기도 하다. 날개 달린 모자와 신발로 하늘을 날아다니며, 주로 신의 뜻을 인간에게 전하는 전령 역할을 한다.

헤파이스토스 Hephaestus

대장장이와 불꽃, 화산의 남신으로 제우스와 헤라 사이에서 태어난 맏아들이자(헤라가 혼자 낳았다는 설도 있다), 제우스의 모든 아들 중에서 가장 먼저 태어난 적장자이다. 올림포스 12신 중 하나로 뛰어난 손재주를 갖고 있었으나 불구에 못생긴 신으로 묘사된다. 제우스를 도운 공으로 미의 여신 아프로디테를 아내로 맞이한다.

내면

첫 번째 이야기

매번 인정받고 싶은 나, 괜찮은 건가요?

피할 수 없는 운명, 받아들여야 할까요?

참을 수 없는 유혹, 어떻게 하면 좋을까요?

직장 생활에 회의감이 듭니다

나도 모르게 꼰대가 되었습니다

매번 인정받고 싶은 나,
괜찮은 건가요?

파에톤 Phaeton

태양신 헬리오스의 아들이다.
아버지의 물건인 태양을 움직이는 마차를 몰다가
통제력을 잃게 되고, 결국 제우스의 벼락에 맞아
추락하여 죽는다.

파에톤의 추락
피테르 파울 루벤스 | 1636

    17세기 바로크 시대를 대표하는 벨기에 화가 피테르 파울 루벤스 Peter Paul Rubens의 〈파에톤의 추락〉입니다. 바로크 시대의 그림은 강한 색감과 역동성, 관능미를 추구하는데요. 그의 그림을 보면 이러한 바로크 시대의 스타일이 잘 나타납니다. 〈플랜더스의 개〉라는 만화를 본 적 있나요? 만화에서 주인공 네로가 평생동안 보고 싶어 하는 그림 하나가 있습니다. 마지막 순간 네로는 이 그림을 보고 숨을 거두죠.

혹시 어떤 그림인지 기억하나요?

  예수가 죽은 뒤 그를 십자가에서 내리는 그림이잖아요. 혹시 그 그림도 루벤스의 작품인가요?

십자가에서 내려지는 그리스도
피테르 파울 루벤스 | 1610

매번 인정받고 싶은 나, 괜찮은 건가요?

맞습니다. 그림의 제목은 〈십자가에서 내려지는 그리스도〉입니다. 이 그림에서도 바로크 시대의 강한 색감과 역동적인 모습이 돋보이죠. 그렇다면 다시 〈파에톤의 추락〉 속 장면을 자세히 살펴보겠습니다.

한 남자가 하늘에서 떨어지고 있네요. 남자의 표정을 보면 자신의 추락을 예상하지 못한 듯합니다. 도대체 그에게 무슨 일이 생긴 걸까요?

그림 위쪽에 번쩍이는 빛이 있는 걸 보니 하늘에서 번개가 내리쳤네요. 마차를 끄는 말들도 방향을 잃은 듯 어수선해 보이고요. 남자에게 왜 번개가 내리쳤는지 이유는 모르겠지만, 그의 표정을 보니 안타까운 마음이 들어 도와주고 싶어요. 도대체 이 남자는 누구인가요?

남자의 이름은 파에톤으로, 태양신 헬리오스Helios의 아들입니다. 참고로 파에톤이라는 이름은 '빛나는 자'라는 뜻이죠. 그림 속 장면은 자신의 아버지인 헬리오스의 마차를 몰다가 제우스의 벼락을 맞고 추락하는 파에톤의 모습입니다. 하늘 높은 곳에서 떨어진 파에톤은 결국 죽음을 맞이했습니다.

제우스의 벼락을 맞다니 끔찍하네요. 파에톤은 어쩌다 태양신의 마차를 몰게 되었나요? 그리고 제우스가 그에게 벼락을 내린 이유는 무엇인가요?

그 이유가 궁금하다면 먼저 파에톤의 성장 과정을 알아야 합니다. 파에톤은 어린 시절 자신의 아버지가 누구인지 모른 채 자랐습니다. 친구들은 항상 파에톤을 아버지도 없는 아이라고 놀렸습니다. 그런 말을 들은 파에톤은 어떤 기분이 들었을까요?

당연히 기분이 나쁘겠죠. 그런 놀림은 무시하는 게 좋을 것 같아요.

아마 파에톤도 처음에는 무시했겠죠? 하지만 친구들의 놀림은 계속되었고, 파에톤은 결국 열등감에 빠졌습니다. 그래서 파에톤은 어머니께 아버지가 누구인지 알려 달라고 애원했습니다. 처음에 그녀는 아들의 부탁을 거절했습니다. 그렇지만 매번 친구들에게 놀림당해 기가 죽은 아들이 너무 안쓰러웠죠. 그녀는 결국 출생의 비밀을 알려주었습니다.

"너의 아버지는 태양신 헬리오스이다. 너는 태양신의 아들이니 친구들의 놀림에 신경 쓰지 말거라."

파에톤은 자신이 태양신의 아들이라는 말을 듣고 기분이 좋아졌습니다. 그는 곧바로 친구들에게 자랑했습니다. "내가 누군지 알아? 나는 태양신의 아들이야."라고 말한 거죠. 이 말을 들은 친구들은 어떤 반응을 보였을까요?

 뜬금없이 태양신의 아들이라니. 전혀 믿지 않았을 것 같은데요? 거짓말 하지 말라며 파에톤을 더 놀리지 않았을까요?

 실제로 파에톤의 말을 들은 친구들은 그를 더 많이 비웃기 시작했습니다. 네가 태양신의 아들이라는 증거를 대보라며 파에톤을 다그쳤습니다. 그런데 사실 파에톤이 가지고 있던 증거라고 해봐야 어머니의 말밖에 없었죠. 이에 친구들의 놀림은 더욱 심해질 뿐이었습니다. 참다못한 파에톤은 어머니에게 아버지를 만나게 해달라 간청했습니다. 매일 슬퍼하며 애원하는 아들이 얼마나 안쓰러웠을까요? 어머니는 결국 "동쪽 태양이 떠오르는 땅끝까지 가면 아버지가 계신 궁전을 찾을 수 있단다."라고 말하며 태양신 헬리오스를 만나는 방법을 일러줍니다.

 파에톤 눈이 번쩍 뜨였겠군요. 저라면 무조건 아버지를 찾아갔을 것 같아요.

 파에톤도 마찬가지였습니다. 그는 아버지 만나는 방법을 알게 되자 당장 먼 길을 떠났습니다. 땅끝까지 가는 여정은 쉽지 않았지만, 결국 태양신이 사는 궁전에 도착했습니다. 온통 황금과 보석으로 이루어진 궁전은 파에톤의 마음을 들뜨게 했습니다. 궁전에 들어가

가파른 계단을 오르자, 찬란한 빛으로 둘러싸인 의자에 앉아있는 아버지 헬리오스가 보였습니다.

정말 감동적이네요. 그런데 파에톤은 아무런 준비 없이 아버지를 만나러 갔나요? 헬리오스도 아들을 처음보는 거잖아요. 징표 같은 게 없다면 파에톤이 자신의 아들인지 모를 수도 있잖아요.

다행히 헬리오스는 전지전능한 태양신이었기에 파에톤이 눈앞에 나타나자마자 단번에 아들임을 눈치챘습니다. 사실 파에톤에게는 따로 징표가 필요하지 않았습니다. 불타는 듯한 머리카락과 눈부시게 빛나는 얼굴이 헬리오스와 쏙 빼닮았기 때문입니다. 존재조차 몰랐던 아들이 다가오자 헬리오스는 미안한 마음이 들었습니다. 그동안 아버지 없이 자라면서 얼마나 힘들었을까, 하는 생각이 든 거죠. 헬리오스는 파에톤을 끌어안으며 소원을 말해보라고 이야기했습니다. 심지어 아들의 소원이라면 그 어떤 것이라도 들어주겠노라, 스틱스Styx강에 대고 맹세했습니다.

정말 반가웠겠네요. 그런데 그냥 소원을 말하라고 하면 되지 않나요? 굳이 스티스강에다 맹세할 필요가 있나요?

그리스 로마 신들은 생각보다 약속을 잘 지키지 않았습니다. 자신의 감정에 따라 약속을 어길 때도 많았죠. 하지만 스틱스강에 맹세하면 어떤 약속이든 반드시 지켜야 했습니다. 스틱스강에 맹세한 약속을 어기면 전지전능한 신이라도 끔찍한 벌을 받기 때문입니다. 헬리오스가 스틱스강을 언급한 것은 아들의 말을 꼭 들어주겠다는 헬리오스의 다짐인 거죠. 과연 파에톤은 어떤 소원을 말했을까요?

자신이 헬리오스의 아들이라는 사실을 온 세상에 드러낼 수 있는 것으로 부탁하지 않았을까요?

맞습니다. 헬리오스의 상징은 태양 마차인데요. 헬리오스는 매일 태양 마차에 올라타 동쪽에서 서쪽으로 달렸습니다. 그래서 그리스인들은 해가 동쪽에서 떠서 서쪽으로 지는 이유를 헬리오스 때문이라고 생각했죠. 파에톤은 헬리오스에게 태양 마차를 몰게 해 달라고 간청했습니다. 자신이 태양 마차를 끌면 친구들이 어디서든 자신을 볼 수 있다고 생각한 겁니다. 태양 마차는 헬리오스의 상징이니, 그가 태양 마차를 끈다면 태양신의 아들임을 증명할 수 있겠죠. 헬리오스는 과연 아들의 부탁을 들어주었을까요?

당연히 들어주지 않았을까요? 처음으로 만난 아들의 소원이라는데, 하루 정도는 태양 마차를 빌려줘도 괜찮을 것 같아요.

헬리오스는 파에톤의 부탁을 듣고는 깜짝 놀랐습니다. 태양 마차를 모는 건 너무 위험했거든요. 사실 태양 마차를 모는 일은 헬리오스 이외에 그 누구도 불가능했습니다. 심지어 신들의 왕인 제우스조차도요. 아들의 안전이 걱정된 헬리오스는 파에톤에게 어떤 소원이든 들어줄 테니 방금 이야기한 소원만 취소해달라고 부탁했습니다. 하지만 파에톤은 고집을 부리며 물러나지 않았습니다.

고집을 부려도 어쩔 수 없죠. 그렇게 위험하다면 당장 약속을 취소해야죠. 안전이 우선이잖아요.

하지만 헬리오스는 파에톤의 소원을 들어줄 수밖에 없었습니다. 헬리오스가 파에톤에게 소원을 말해보라고 하며 어떤 맹세를 했는지 기억하나요? 헬리오스는 스틱스강에 맹세했습니다. 그렇기 때문에 이 약속을 무슨 일이 있어도 지켜야만 했죠. 신들의 왕인 제우스도 스틱스강에 맹세한 일이라면 무조건 지켰습니다. 헬리오스는 절망했지만, 어쩔 도리가 없었습니다.

헬리오스가 파에톤의 안전을 위한 대책은 마련했겠죠?

태양 마차를 몰기 전, 헬리오스는 아들의 몸에 화염에 견딜 수 있는 약을 발라주었습니다. 그리고 태양 마차를 모는 방법과 말들을 다루는 방법 등 주의사항을 꼼꼼하게 알려주었죠.

그렇다면 다행이네요. 사실 저는 파에톤의 마음을 이해할 수 있어요. 파에톤에게 가장 중요한 것은 친구들에게 자신이 태양신의 아들임을 입증

하는 일이잖아요. 그래서 위험이 따르더라도 태양 마차를 몰고 싶다고 고집을 부렸을 거예요.

맞아요. 파에톤은 인정받고 싶은 욕구가 너무 컸던 나머지 목숨까지 걸린 아주 위험한 행동이라는 아버지의 말이 들리지 않았습니다. 달이 내려오고 태양이 떠오르는 최후의 순간까지 헬리오스는 파에톤에게 간청했습니다. "아들아, 제발 태양 마차를 모는 것을 포기하거라." 하지만 파에톤은 아버지의 말을 듣지 않고 태양 마차에 올라탔습니다. 과연 파에톤은 태양 마차를 무사히 몰 수 있었을까요?

왠지 불안한 예감이 드네요. 파에톤도 분명 두려워하지 않았을까요?

태양신의 아들이라는 자부심과 인정 욕구는 두려움조차 사라지게 했습니다. 파에톤은 주저하지 않고 태양 마차에 올라 말들을 몰았습니다. 하지만 자신의 결정을 후회하기까지 그리 많은 시간이 걸리지 않았습니다. 파에톤이 태양 마차를 몰자마자 모든 것이 엉망으로 변했거든요. 아무리 신의 혈통이라고 해도 파에톤은 한낱 인간으로 자라왔습니다. 파에톤의 실력으로 태양 마차를 조종할 수 없었던 것이죠. 우선, 말들이 제멋대로 날뛰기 시작했습니다. 그러자 태양 마차가 엉뚱한 방향으로 달리기 시작했습니다. 태양 마차가 궤도를 벗어나 높이 날 때는 별들이 불타고 땅이 얼어붙었습니다. 반대로 너무 낮게 날 때는 땅에 사는 모든 생물이 타버리고 물이 말라 사막이 되었습니다. 이때 파에톤이 저지른 실수로 인해 에티오피아 백성들의 얼굴이 까맣게 변하고 사하라 사막이 만들어졌다는 이야기가 있습니다.

사하라 사막이요? 정말 재미있는 해석인데요. 파에톤은 결국 어떻게 되었나요?

엉망이 된 건 인간이 사는 땅뿐만이 아니었습니다. 신들이 사는 하늘도 엉망진창이 되었죠. 태양 마차가 멈출 기미를 보이지 않자, 올림포스의 신들은 다급하게 모여 긴급회의를 열었습니다. 신들은 태양 마차를 저렇게 가만두면 안 된다고 소리를 쳤습니다. 헬리오스는 그들의 말에 아무런 반박도 할 수 없었습니다. 땅과 하늘이 계속 망가지는 것을 무책임하게 보고 있을 수 없었기 때문이죠. 헬리오스가 입을 다물자, 결국 제우스는 파에톤이 타고 있는 태양 마차에 번개를 내리쳤습니다. 루벤스가 그린 그림 속 장면이 실현된 것입니다. 파에톤은 불길에 휩싸여 땅에 떨어졌고, 그대로 숨을 거뒀습니다. 태양신의 아들로 인정받고자 했던 파에톤의 꿈은 이렇게 스러지고 말았습니다.

'이부자리를 보고 발을 펴라'라는 속담이 생각나네요. 아버지를 만난 걸로 만족하면 좋았을 텐데… 친구들에게 인정받고 싶은 마음에 너무 욕심을 부렸던 것 같아요. 파에톤 이야기를 들으니 인정 욕구가 지나치면 안 될 것 같아요.

매번 인정받고 싶은 나, 괜찮은 건가요?

인정 욕구 다스리기

"날 좀 보소, 날 좀 보소, 날 좀 보소, 동지섣달 꽃 본 듯이 날 좀 보소." 혹시 이 노래를 들어본 적 있나요? 일제강점기 때 독립군이 부른 대표적인 군가이며 흥겨운 분위기 때문에 제가 가장 좋아하는 아리랑입니다.

가사만 봐도 가락이 귓가에 맴도네요. <밀양 아리랑> 아닌가요?

정답입니다. 이렇게 흥겨우면서도 신나는 밀양 아리랑의 가사를 자세히 살펴보면 재미있는 사실을 알 수 있습니다. 밀양 아리랑 1절에는 '나를 봐 달라'는 말이 총 4번 등장합니다. 심지어 그냥 봐 달라는 것이 아니라 '한겨울에 핀 꽃처럼 소중하게 나를 봐 달라'라고 하죠. 반복되는 가사에서 인간의 인정 욕구가 느껴지지 않나요?

정말이네요. 다시 들어보니 '나를 봐 달라'는 말이 참 많이 등장하는 군요. 그러고 보니 요즘은 SNS(사회관계망서비스)를 통해 타인에게 인정받길 원하잖아요. 방법만 다를 뿐이지 예전이나 지금이나 인정받고 싶은 마음은 똑같나 봅니다.

밀양 아리랑이 알려지고 100년이 지난 지금, 대한민국 후손들은 SNS를 활용해 민요에 담긴 뜻을 아주 적극적으로 실천하고 있습니다. SNS에 올리는 사진과 영상들은 21세기 버전의 '날 좀 보소'입니다. 이렇게 보면 인정 욕구는 시대와 상관없이 항상 사람들 마음속에 있었던 것 같네요. 인정 욕구라는 말을 들으면 어떤 생각이 드나요?

예전에는 인정 욕구라는 말이 딱히 부정적으로 들리지 않았는데, 요즘에는 조금 달라졌어요. 특히 SNS에 중독되어 타인의 평가에 연연하는 주변 사람들을 볼 때면, 인정 욕구라는 말이 한층 더 부정적으로 느껴져요. 만약 다른 사람이 저에게 "넌 인정 욕구가 강해."라고 말하면 기분이 좋지 않을 것 같은데요.

인정 욕구는 '타인에게 자신의 존재 가치를 인정받고자 하는 욕구'를 뜻합니다. 사실 우리는 항상 인정 욕구라는 울타리에서 살아가고 있어요. 공부를 잘해서 부모님께 인정받고 싶은 학생, 프로젝트에서 좋은 성과를 내고 싶은 직장인, 최고의 선수가 되기 위해 열심히 훈련하는 선수들 모두 인간의 기본 욕구인 인정 욕구에서 출발합니다. 적절한 인정 욕구는 삶의 동기부여이자 꿈을 이루기 위한 원동력이 될 수 있습니다. 그런데 인정 욕구가 지나치면 오히려 삶이 불행해질 수 있습니다. 심지어 과도한 인정 욕구는 주변으로부터 비난의 대상이 됩니다. '관종(관심 종자의 줄임말)'이라는 신조어는 인정 욕구의 부정적인 면을 잘 보여주고 있습니다.

제 주변에도 인정 욕구가 지나친 사람이 있어요. 그 사람을 만나면 뭔가 불편한 마음이 생기더라고요. 계속 자기 자신을 자랑하는데 그 말에 호응하고 칭찬해야 한다는 의무감이 들기도 하고요. 이런 인정 욕구는 도대체 왜 나타나는 걸까요?

전문가들은 인정 욕구의 원인을 부모와 자녀 간 애착 관계 형성 및 부모의 양육 태도에서 찾고 있습니다. 혹시 아이가 좋은 성과를 보일 때만 칭찬한 적 있나요? 과정이 아닌 결과만 칭찬하는 부모의 양육 태도가 인정 욕구를 발생시키는 큰 원인이 된다고 합니다. 이런 부모 밑에서 자라는 아이는 인정받고 사랑받기 위해 늘 부모와 타인의 시선을 살핍니다. 다시 말해 인정 결핍을 느끼는 경우, 병적인 행동을 초래하면서 과도한 인정 욕구가 나타나게 됩니다. 그리스 로마 신화에서는 이런 병적인 인정 욕구를 '파에톤 콤플렉스'라고 하죠.

파에톤이 추락하게 된 원인이 그의 인정 욕구로 인한 콤플렉스와 연관되는군요. 그런데 사람이라면 누구나 인정 욕구가 있잖아요.

모든 사람에게는 다른 사람의 인정을 받고 싶은 욕구가 있습니다. 인정 욕구를 무조건 부정할 필요는 없어요. 하지만 파에톤처럼 인정 자체가 목적이 되어 타인의 평가에 지나치게 의존하면 문제가 생깁니다. 애초에 타인의 기대에 맞춰 사는 건 불가능하죠. 왜냐하면 타인의 인정 기준은 상대적이고 변하기 쉽거든요. 어제까지는 나를 인정해 주었던 사람이, 내일은 나를 외면하고 비난할 수 있습니다. 반대로 어제까지는 나를 비난했던 사람이, 내일은 갑자기 나를 칭찬할 수도 있습니다. 사람은 상황이나 환경에 따라 변하기 때문입니다. 실존주의 철학자 사르트르Sartre는 희곡 〈닫힌 방〉*에서 "타인은 지옥이다."라는 말로 타인의 인정 욕구에 집착하는 상황을 경고했습니다. 〈인정받고 싶은 마음〉**의 저자 오타 하지메 교수도 인정 욕구가 과해지는 것을 경고했습니다. 그의 말에 따르면 인정 욕구가 지나치면 번 아웃 상태에 빠져 일상생활조차 제대로 할 수 없다고 합니다.

격하게 공감해요! 인정 욕구가 지나치면 꼭 문제가 생기더라고요. 과도한 인정 욕구를 예방하거나 조절하려면 어떻게 해야 할까요?

인정 욕구를 조절하는 방법을 함께 연습해볼까요? 우선, 나의 현재 상태가 어떤지 알아야 합니다. 스스로 질문하면서 내가 과연 인정 욕구를 어떻게 생각하고 받아들이는지 파악하는 거죠. 예를 들어 무엇인가를 하다가 지치고 힘들어 포기하고 싶은 마음이 든다면, 잠시 그 일을 멈춰보기 바랍니다. 내가 이 일을 왜 하는 것인지 나 자신에게 물어봐야 해요. 이때 '남이 시켜서' 혹은 '남에게 잘 보이고 싶어서'와 같은 답변이 먼저 떠오른다면 인정 욕구가 지나친 것입니다.

나의 인정 욕구가 과한지 아닌지 좀 더 자세히 알아볼 수 있나요? 심리 테스트처럼요.

---

* 장 폴 사르트르(1944). 닫힌 방.
** 오타 하지메(2020). 인정받고 싶은 마음. 웅진지식하우스.

인정 욕구와 관련된 테스트는 여러 개 있습니다. 아래 테스트에 답하면서 나는 인정 욕구에 중독되었는지 확인해 보기 바랍니다. 테스트 문항은 일본의 대표적인 심리학자 에노모토 히로아키의 〈인정 욕구〉에서 가져왔습니다. 자신이 해당한다고 생각하는 문항을 체크해 보세요.

✷ 인정 욕구 확인 TEST

[ ] 다른 사람의 부탁을 잘 거절하지 못한다.
[ ] SNS 게시물에 '좋아요'가 적으면 기분이 좋지 않다.
[ ] 사람들과 모인 자리에서 분위기를 띄우려고 노력한다.
[ ] 상대방의 기분이 상하지 않도록 말할 때 신경 쓰는 편이다.
[ ] 회사에서 일 잘한다는 평가를 받고 싶다.
[ ] 매일 밤 내가 말실수한 게 없는지 생각하느라 뒤척인다.
[ ] 사람들에게 좋은 사람으로 보이고 싶다.
[ ] 상대방의 기분이 안 좋아 보이면 나 때문인가 걱정이 된다.
[ ] 후배들에게 조언하는 게 어렵다.
[ ] 타인의 눈치를 많이 본다.

10개의 문항 중 3개 이상 선택했다면 내가 지금 인정 욕구에 중독된 것은 아닌지 의심할 필요가 있습니다.

저는 4개 정도 해당되네요. 그런데 인정 욕구 기준이 너무 엄격한 거 아닌가요? 이 기준대로라면 거의 대다수가 인정 욕구에 중독됐을지도 모르겠어요.

물론 이 테스트가 사람들에게 100% 적용되는 것은 아닙니다. 단지 참고용으로 살펴보면 좋겠죠. 사람이라면 누구나 인정 욕구가 있습니다. 그러므로 인정 욕구 자체를 부정할 필요는 없습니다. 우리는 인정 욕구를 '어떻게 없애는가?'가 아니라 '어떻게 다루어야 하는가?'로 생각을 바꿀 필요가 있어요. 인정 욕구를 잘 활용하면 행복한 삶을 위한 강력한 아군이 됩니다.

인정 욕구가 강력한 아군이라니 재미있네요. 그렇다면 인정 욕구를 현명하게 활용하려면 어떻게 해야 할까요?

우선 타인이 나를 어떻게 바라보는지에 신경쓰지 말고, 나의 수준이 타인에게 인정받을 만한 정도인지 냉철하게 살펴봐야 합니다. 즉 '인정받고 싶은 욕구'에서 '인정받을 만큼 성장하려는 욕구'로 욕구의 방향을 바꿔야 한다는 거죠. 유튜브에 영상을 올린다고 상상해볼까요? 이때 구독이나 좋아요 수에 집착하기보다 '내가 어떻게 노력하면 더 많은 사람들이 영상에 관심을 가질까?'라고 생각하며 내가 올리는 영상 자체에 집중해야 합니다. 영상에 대한 가치를 기준으로 판단하는 거죠. 그리고 자신의 긍정적인 모습에 관심을 기울이며 스스로 작은 보상을 하거나 자신을 인정하는 연습이 필요합니다.

　델포이 신전에 새겨진 "너 자신을 알라."라는 격언이 떠오르네요. 결국 인정 욕구를 똑똑하게 활용하려면 우선 자존감을 높이는 것이 중요하지 않을까요?

　정확합니다. 자존감이 높은 사람은 인정 욕구에 덜 집착하거든요. 이들은 타인이 나를 바라보는 시선보다는, 자기 내면의 시선에 집중합니다. 어떻게 하면 나를 성장하게 할 수 있을지를 고민하는 것이죠. 만약 자신의 자존감이 낮다고 생각한다면 작은 성공을 만들어 보기 바랍니다. 작은 성공의 경험은 자존감을 높이는 데 도움이 됩니다. 높아진 자존감을 통해 인정 욕구를 성장 욕구로 전환할 수 있게 되죠.

　다음으로, 자신의 인정 욕구를 객관화한 뒤 거리를 두고 바라봐야 합니다. 인정을 얻기 위한 노력과 인정을 통한 결과 사이의 이해득실을 저울질해 보세요. 인정에 대한 결과보다 내가 들이는 노력이 지나치지 않은지 파악할 필요가 있습니다. 과도한 인정 욕구는 과시욕처럼 허상을 추구하는 경우가 많기 때문입니다.

　정말 좋은 생각인 것 같아요. 노력한 만큼 결과가 나오지 않을 때 빠르게 포기하는 편이 도움이 되는 경우도 있으니까요.

마지막으로 인정 욕구가 주는 좋은 영향과 나쁜 영향을 구분해야 합니다. 누군가에게 인정받기 위해 악착같이 노력해서 업무 능력을 높이거나, 주변 사람들을 배려해서 원만한 인간관계를 쌓게 된다면 이는 인정 욕구의 긍정적인 측면일 것입니다. 그런데 업무 능력 향상을 위해 건강을 해치거나, 원만한 인간관계를 맺기 위해 지나치게 타인의 눈치를 본다면 이는 인정 욕구의 나쁜 측면입니다. 인정 욕구로 인해 스트레스를 받거나 건강을 해친다면 인정 욕구가 나에게 나쁜 영향을 주고 있다고 인식해야 합니다. 직장에서는 승진하면서 승승장구하는데 반해 아내나 자녀들과 사이가 멀어지고 있다면, 이 역시 인정 욕구의 나쁜 영향이 더 크다고 볼 수 있습니다.

생각해 보니 그동안 다른 사람에게 인정받기 위해 지나치게 노력했던 것 같아요. 남들에게 인정받을 때는 행복하다고 느꼈고, 인정받지 못하면 우울했거든요. 파에톤의 이야기를 들으면서 행복은 타인의 인정으로 결정되지 않는다는 깨달음을 얻었습니다.

만약 파에톤이 타인의 시선에서 벗어나 자신만의 마차를 타고 넓은 하늘을 누볐다면 이야기는 어떤 결말을 맞이했을까요? 아마 해피엔딩으로 끝나지 않았을까요? 내 삶의 주인은 바로 '나'입니다. 인정 욕구에 집착하지 말고, 내면의 인정에 조금 더 귀 기울이길 바랍니다.

남에게 잘 보이려 하지 않을 때 우리는 편안해진다.
지금 있는 그대로의 자신을 받아들여라.

― 기시미 이치로

◆
피할 수 없는 운명,
받아들여야 할까요?

오이디푸스 Oedipus
그리스 도시 테베의 왕으로 신탁에 따라 아버지를 죽이고
어머니와 결혼하는 비극적인 운명을 겪은 인물이다.
오이디푸스는 비극적인 삶의 고통을 겪게 되지만,
그의 고뇌 속에는 '나는 누구인가' 그리고
'인간은 어떤 존재인가'라는 근원적 질문이 담겨 있어,
그의 삶은 그리스 철학의 태동에 밑거름이 되었다.

테베의 역병: 오이디푸스와 안티고네
샤를 잘라베르 | 1842

　19세기 후반 프랑스 파리 상류층 사이에서 예술가로 큰 명성을 얻은 화가 샤를 잘라베르Charles Jalabert의 〈테베의 역병〉입니다. 그림에서 군중 사이를 걷고 있는 두 인물은 테베의 왕 오이디푸스와 그의 딸 안티고네Antigone입니다.

　그림에서 두 사람이 주인공인 것 같아요. 그림을 보면 두 사람에게 집중되거든요.

두 사람이 그림 중앙에 있고, 주변에 있는 사람들의 시선이 두 사람에게 모여 있기 때문입니다. 그런데 군중들의 시선이 평범해 보이지 않습니다. 마치 두 사람을 비난하거나 피하는 듯 보이죠.

그러네요. 오이디푸스의 딸은 사람들을 경계하고 있고, 오이디푸스는 눈을 감고 걸으며 딸에게 의지하고 있어요. 도대체 두 사람에게 무슨 사연이 있는 건가요?

오이디푸스의 딸 안티고네는 오이디푸스가 자신의 어머니인 이오카스테locaste와 결혼하여 낳은 자식입니다. 잔혹한 운명으로 인해 오이디푸스는 자신도 모르는 사이 친어머니와 결혼하게 됐고, 훗날 그 사실을 알게 됩니다. 큰 충격을 받은 오이디푸스는 자신의 눈을 찔러 멀게 하고 왕위를 내려놓습니다. 이후 오이디푸스는 그림 속 장면처럼 딸에게 의지하여 남은 생을 살게 되죠.

이게 무슨 운명의 장난인가요? 너무 끔찍하네요.

이런 충격적인 서사와 인물 구조는 많은 작가들에게 영감을 주었습니다. 소설이나 영화에서도 비슷한 소재를 어렵지 않게 찾아볼 수 있죠. 우리나라에서도 오이디푸스 이야기를 모티브로 한 영화가 있습니다. 바로 칸 영화제 대상을 받은 영화 〈올드보이〉입니다. 이렇듯 오이디푸스의 비극적인 이야기는 다양한 작품에 영향을 주고 있습니다.

듣고 보니 오이디푸스 사연이 너무 궁금해집니다.

그렇다면 지금부터 오이디푸스의 이야기를 살펴보겠습니다. 당시 그리스에는 여러 도시 국가들이 있었는데요. 그중 '테베'라는 도시 국가는 라이오스Laius 왕이 다스리고 있었습니다. 그런데 그에게는 큰 문제가 있었으니, 바로 아이가 없다는 것입니다.

아이가 없는 것이 그렇게 큰 문제가 되나요?

보통 사람과 다르게 왕에게 자녀가 없는 것은 큰 문제입니다. 안정적인 권력 기반을 마련하려면 다음 왕위를 이을 자녀가 꼭 필요하거든요. 후계자가 없으면 훗날 왕이 나이가 들었을 때 반란이 일어날 가능성도 있고요.

왜 아이가 생기지 않았나요? 혹시 부부 사이가 좋지 않았나요?

그렇진 않아요. 라이오스 왕과 그의 아내 이오카스테는 금슬이 무척 좋았거든요. 그런데 시간이 지나도 아이가 생기지 않자 부부는 초조해졌습니다. 결국 라이오스는 델포이 신전을 찾아가 아폴론의 예언을 듣고자 신탁을 요청했습니다. 신에게 간절히 빌면 아이가 생길 것이라 믿었기 때문입니다. 그런데 신탁의 내용이 가히 충격적이었습니다. 신탁의 내용은 다음과 같습니다. "부부가 아들을 낳으면 그

아이는 아버지를 죽이고 어머니와 결혼한다." 여러분은 만약 이런 신탁을 들으면 기분이 어떨 것 같나요?

너무 놀라고, 당황스럽겠죠. 도저히 믿을 수 없을 것 같아요.

부부도 처음에는 말도 안 된다고 생각한 것 같습니다. 그런데 놀라운 일이 벌어졌습니다. 신탁이 내려진 후 이오카스테가 임신을 한 것입니다. 또한 태어난 아이는 남자였습니다. 그러자 두 부부는 신탁의 예언이 실현될까 두려워졌습니다. 라이오스는 결국 자신의 아이를 죽이려고 마음먹습니다. 그는 하인을 시켜 아이를 산에 버렸고, 심지어 아이가 움직이지 못하게 발목을 가죽끈으로 묶었습니다.

정말 잔인하네요. 아이는 어떻게 되었나요?

왕의 명령을 받은 하인이 아이를 산으로 데려갔으나 차마 죽일 수가 없었습니다. 그래서 하인은 이웃나라 코린토스에 사는 목동에게 아이를 부탁했습니다. 목동은 아이를 어떻게 키울지 고민하던 차에 때마침 좋은 소식을 듣게 됩니다. 당시 코린토스는 폴리보스$_{Polybus}$ 왕이 다스리고 있었는데 아이가 없어 근심하고 있다는 것입니다. 그래서 목동은 폴리보스에게 아이를 바쳤습니다. 이 아이가 바로 오이디푸스입니다. '오이디푸스'의 뜻은 '부어오른 발'인데요. 폴리보스 부부가 아이의 발이 심하게 부어 있는 것을 보고 이런 이름을 지어주

피할 수 없는 운명, 받아들여야 할까요?

었습니다. 부부는 아이를 정성껏 키웠고, 오이디푸스는 코린토스의 왕자로 성장하게 됩니다.

지금까지의 이야기는 전혀 비극이 아닌데요? 오이디푸스도 행복하게 자랐을 것 같고요.

오디이푸스가 코린토스의 왕자로 조용히 지냈다면 정말 괜찮았을지도 모릅니다. 그런데 신탁의 힘은 그렇게 나약하지 않은 듯합니다. 어느 날 오이디푸스는 자신이 폴리보스의 친아들이 아니라는 소문을 듣게 되었습니다. 소문을 믿을 수 없었던 오이디푸스는 진실을 알고 싶었습니다. 그래서 델포이 신전을 찾아갔는데요. 그곳에서 끔찍한 신탁을 듣고 맙니다. "너는 아버지를 죽이고, 어머니와 결혼할 것이다." 테베의 왕 라이오스와 그의 아내가 들었던 신탁과 똑같았죠.

신탁을 들은 오이디푸스의 반응은 어땠나요?

부모님을 사랑했던 오이디푸스는 당연히 신탁을 피하고 싶었습니다. 밤낮을 고민한 오이디푸스는 한 가지 방법을 떠올립니다. 바로 코린토스에서 영영 떠나버리는 것이었죠. 코린토스를 떠나 부모님과 마주치지 않으면 신탁이 실현되지 않으리라 생각했습니다.

그렇게 코린토스를 떠나 길을 가던 도중, 오이디푸스는 마차를 타고 가는 어떤 노인과 수행원들을 마주쳤습니다. 사실 이 낯선 노인의 정체는 오이디푸스의 친아버지인 라이오스 왕이었습니다. 당시 라이오스가 다스리는 테베는 스핑크스라는 괴물로 고통을 겪고 있었는데요. 스핑크스를 물리치고자 신탁을 듣기 위해 델포이로 향하던 중이었죠. 라이오스의 수행원들은 오이디푸스에게 왕의 행차를 가로막지 말고 길을 비키라고 말했습니다. 하지만 오이디푸스는 막 코린토스를 떠난 상태라 기분이 좋지 않았습니다. 수행원들의 강압적인 명령에 반발한 오이디푸스는 그들과 다투게 되었고, 결국 수행원들과 자신의 친아버지 라이오스까지 모조리 살해하고 맙니다. 그토록 피하고 싶던 신탁이 실현된 것입니다.

신탁을 피하려고 나라를 떠났는데 도리어 신탁이 실현되다니… 정말 당황스럽네요. 그런데 스핑크스라고 하셨나요? 뭔가 귀에 익은 이름인데요.

여기 나오는 스핑크스는 우리가 흔히 알고 있는 이집트의 스핑크스가 아니라 반인반수의 괴물입니다. 스핑크스는 지나가는 사람에게 수수께끼를 내고, 그 문제를 풀지 못하면 잡아 먹었다고 합니다. 처음에 라이오스와 테베 사람들은 스핑크스를 대수롭지 않게 여겼다고 해요. 그런데 스핑크스에게 살해되는 사람들이 점차 늘어나자 불안에 빠지게 되었습니다. 이에 왕이 직접 나서서 사건을 해결하고자 신탁을 들으러 가던 중이었던 거죠. 그런데 왕 라이오스마저 죽게 되었으니, 스핑크스에 대한 백성들의 두려운 마음은 더욱 커졌습니다.

오이디푸스와 스핑크스
장 오귀스트 도미니크 앵그르 | 1808

테베의 왕비 이오카스테는 이 문제를 해결하기 위해 스핑크스를 물리치는 사람과 결혼할 것이며, 그를 다음 왕으로 삼겠다고 공표했습니다.

여행을 계속하던 오이디푸스는 테베 근처에 도착했고, 테베 사람들을 괴롭히던 괴물을 만났습니다. 스핑크스는 오이디푸스에게 수수께끼를 내며, 문제를 풀어야만 길을 지나갈 수 있다고 말했습니다. 스핑크스의 수수께끼는 다음과 같습니다. "아침에는 네 발, 낮에는 두 발, 저녁에는 세 발로 걷는 것은 무엇인가?" 혹시 여러분은 이 문제의 정답을 알고 있나요?

정답은 사람입니다! 어릴 적부터 많이 들었던 수수께끼인데, 그리스 로마 신화에서 나온 이야기라니 신기하네요. 오이디푸스는 스핑크스가 낸 수수께끼를 풀었나요?

오이디푸스 역시 사람이라고 답하며, 수수께끼를 풀었습니다. 스핑크스는 오이디푸스의 답변을 듣고 엄청난 충격을 받았습니다. 자신이 낸 문제를 맞힌 사람이 처음 등장했기 때문이죠. 스핑크스는 굴욕감을 이기지 못하고 바위에 머리를 부딪혀 자살하고 말았습니다. 오이디푸스가 스핑크스를 물리쳤다는 이야기를 들은 테베 사람들은 그에게 열광했습니다. 이오카스테도 자신이 공표한 약속을 지키고자 오이디푸스와 결혼하고 그를 왕으로 추대했습니다. 이것으로 오이디푸스는 친아버지의 아내이자, 자신의 친어머니인 이오카스테와 결혼하게 된 것입니다.

정말 얄궂은 운명이군요. 오이디푸스가 태어났을 때 예언된 신탁이 완벽하게 실현되었네요. 이후에는 이야기가 어떻게 전개되나요?

오이디푸스가 왕이 된 후 문제가 생겼습니다. 그해 테베에 흉년과 전염병이 창궐한 것입니다. 이를 해결하고자 오이디푸스는 델포이의 신탁에 재앙의 원인을 물었습니다. 그러자 신탁은 "누군가 선왕인 라이오스를 살해해서 생긴 일이다."라는 답을 주었습니다. 이 소식을 들은 오이디푸스는 꼭 범인을 잡아서 흉년과 전염병을 해결하겠다고 선언했습니다.

오이디푸스는 선왕 살해범을 찾기 위해 테베의 시각장애인 예언가 티레시아스Tiresias를 찾아갑니다. 그런데 생각지도 못한 대답을 듣게 됩니다. 티레시아스는 "범인은 바로 그대입니다. 오이디푸스 당신이 선왕이자 부친인 라이오스 왕을 죽였습니다. 심지어 지금 결혼한 이오카스테는 당신의 어머니입니다."라고 말했습니다.

오이디푸스 입장에서는 너무 말도 안 되는 소리 아닌가요? 아마 누군가 자신을 모함한다고 생각했을 거 같아요.

당연하죠. 얼마나 황당했겠어요. 티레시아스의 말을 들은 오이디푸스는 진실을 찾기 위해 노력했습니다. 그러나 진실을 따라갈수록 티레시아스의 말은 점점 사실로 드러났죠. 오이디푸스는 결국 갓난아이였던 자신을 코린토스의 왕에게 넘겼던 목동까지 심문했습니다. 이오카스테는 더 이상 비밀을 파헤치지 말라며 당부하죠. 그러나 오이디푸스는 멈추지 않았죠. 목동이 입을 열자, 티레시아스의 말이 모두 사실로 밝혀졌습니다. 모든 것을 알게 된 이오카스테는 목을 매어 자결했습니다. 그 모습에 절망한 오이디푸스는 아오카스테 옷에 붙은 황금 브로치를 빼서 자신의 두 눈을 찔렀습니다. 이후로는 그림 속 장면처럼 딸과 함께 평생 유랑생활을 했다고 합니다.

아모르 파티
운명을 사랑하세요

"산다는 게 다 그런 거지. 누구나 빈손으로 와." 가수 김연자에게 제3의 전성기를 가져다준 노래 〈아모르 파티 Amor Fati〉의 가사입니다. 저는 인기 예능프로 〈무한도전〉을 통해 처음 이 노래를 들었는데요. 리듬이 흥겨워서 아직도 기억에 남습니다. 노래의 제목 '아모르 파티'는 '운명을 사랑하라'는 뜻의 라틴어입니다. 독일의 철학자 니체 Nietzsche가 언급한 덕분에 유명해졌죠. 니체는 아모르 파티를 통해 '삶이 힘들더라도 자신의 운명을 받아들여야 한다'고 말했습니다. 여러분은 힘든 시련이 왔을 때 운명이라 생각하고 받아들일 수 있나요?

저는 현실주의자라서 운명을 믿지 않아요. 모든 일을 운명이라고 여기면 제가 아무리 노력해도 소용없잖아요.

일찍 일어나는 새가 벌레를 잡는다는 속담이 있죠? 어떤 일을 할 때 노력은 중요합니다. 타이거 우즈나 손흥민, 페더러 등 타고난 천재로만 알았던 유명 선수들이 사실은 엄청난 연습벌레라는 것을 알게 되면 역시 노력이 최고라는 생각을 하게 됩니다. 노력하면 해낼 수 있는 일들이 많죠. 그런데 우리 삶은 노력만으로 해결하기 어려운 불공평함도 존재합니다. 나이, 성별, 국적과 같이 태어날 때부터 타고난 것을 노력으로 바꿀 수 있나요? 이미 지나간 내 삶의 흔적, 과거 역시 아무리 노력해도 바꿀 수 없습니다. 이런 것들을 바로 운명이라고 할 수 있습니다. 그렇다면 운명이 내 앞길을 가로막을 때, 어떻게 하면 좋을까요?

누군가를 원망하게 될 것 같아요. "우리 부모님은 왜 부자가 아니지?" 아니면 "나는 왜 멍청하게 태어났을까?" 이런 식으로 말이죠. 물론 원망한다고 해결되진 않지만… 그런데 이야기를 하다 보니 운명이 굉장히 수동적이고 부정적으로 느껴지는데요?

그런가요? 그렇다면 '운명'이라는 단어를 한번 살펴 볼까요? 한자를 살펴보면 운명運命은 운수를 옮긴다는 뜻입니다. 상당히 능동적이지 않나요? 반면 숙명宿命은 운수가 잠을 잔다는 뜻으로 수동적인 의미를 지니고 있습니다. 우리가 운명을 수동적이고 부정적으로 느꼈다면, 운명을 숙명과 구분하지 못했기 때문입니다. 운명은 주어진 조건을 인정하되 바꿀 수 있는 것과 바꿀 수 없는 것을 분명히 구별하라는 의미를 담고 있거든요. 그래서 운명을 받아들이라는 '아모르 파티'는 내게 주어진 조건들을 인정하고 사랑하며, 내 삶에서 바꿀 수 있는 것은 바꿀 수 있도록 노력하라는 뜻입니다.

운명이라는 단어가 다시 보이는군요. 그런데 운을 믿는다고 인생에 도움이 될까요?

운을 긍정적으로 생각한 대표적인 인물이 있는데요. 바로 천재 야구선수 오타니 쇼헤이입니다.

투수와 타자를 겸업하는 유명한 야구선수잖아요! 2024 메이저리그에서 50-50(홈런 50, 도루 50)을 달성하기도 했고요. 엄청난 노력파라고 들었는데 그 선수가 운과 무슨 관련이 있나요?

오타니 선수는 천재라는 별명 외에도 '쓰레기를 줍는 야구선수'라는 별명이 있습니다. 오타니가 훈련 도중 운동장 바닥에 떨어진 쓰레기를 줍는 모습이 여러 번 포착되면서 알려졌습니다. 그는 왜 쓰레기를 주울까요? 이유를 물어보니 오타니는 이렇게 대답합니다. "다른 사람이 무심코 버린 운을 줍는 겁니다."

오타니 선수는 야구 인생을 위해 구체적인 목표를 설정했는데요. 그의 계획표를 보면 운에 대한 목표를 설정한 것을 볼 수 있습니다. 운을 모으기 위해 쓰레기 줍기, 인사하기, 청소, 심판을 대하는 태도, 책 읽기 등을 적어 두었고요. 오타니 선수는 성공하기 위해서는 노력뿐만 아니라 운이 함께해야 한다고 여겼습니다. 그리고 운은 그저 우연히 찾아오는 것이 아니라, 운이 나를 찾아오도록 준비해야 한다고 생각했죠.

몸 관리	영양제 먹기	FSQ 90kg	인스텝 개선	몸통 강화	축 흔들지 않기	각도를 만든다	위에서부터 공을 던진다	손목 강화
유연성	몸 만들기	RSQ 130kg	릴리즈 포인트 안정	제구	불안정 없애기	힘 모으기	구위	하반신 주도
스테미너	가동력	식사 저녁 7숟갈 아침 3숟갈	하체 강화	몸을 열지 않기	멘탈 컨트롤	볼을 앞에서 릴리즈	회전수 증가	가동력
뚜렷한 목표·목적	일희일비 하지 않기	머리는 차갑게 심장은 뜨겁게	몸 만들기	제구	구위	축 돌리기	하체 강화	체중 증가
핀치에 강하게	멘탈	분위기에 휩쓸리지 않기	멘탈	8구단 드래프트 1순위	스피트 160km/h	몸통 강화	스피트 160km/h	어깨 주변 강화
마음의 파도를 만들지 않기	승리에 대한 집념	동료를 배려하는 마음	인간성	운	변화구	가동력	라이너 캐치볼	피칭 늘리기
감성	사랑받는 사람	계획성	인사하기	쓰레기 줍기	부실 청소	카운트볼 늘리기	포크볼 완성	슬라이더 구위
배려	인간성	감사	물건을 소중히 쓰자	운	심판을 대하는 태도	늦게 낙차가 있는 커브	변화구	좌타자 결정구
예의	신뢰받는 사람	지속력	긍정적 사고	응원받는 사람	책 읽기	직구와 같은 폼으로 던지기	스트라이크 볼을 던질 때 제구	거리를 상상하기

오타니 쇼헤이의 만다라트 계획표

피할 수 없는 운명, 받아들여야 할까요?

오타니 선수는 운도 스스로 만들 수 있다고 생각했군요. 저도 이제부터 불행이 찾아오면 남 탓을 하기 보다 나만의 운을 모으기 위해 노력해야겠어요.

신화 속 오이디푸스는 받아들이기 힘든 운명에 빠졌습니다. 태어나자마자 저주와 같은 신탁을 받게 되고 이를 극복하기 위해 노력했어요. 하지만 자신이 노력하면 할수록 불행은 점점 더 가까이 다가왔고 결국 이를 피할 수 없었습니다. 그렇지만 오이디푸스는 운명을 거부하지 않고 진실을 인정하며 책임지는 자세를 보여주었죠.

갓난 아들을 버리면서까지 운명을 피하고자 했던 라이오스와 이오카스테처럼, 오이디푸스 역시 고향을 떠나며 자신의 운명을 거부했습니다. 하지만 그들 모두 신탁의 예언을 피할 수 없었고, 비극적인 결말을 맞이했죠. 진실이 드러나자 이오카스테는 목숨을 끊으며 이를 외면하고자 했습니다. 그러나 오이디푸스는 이와 다른 모습을 보여주었습니다. 그는 운명을 정면으로 바라보며 진실을 인정했습니다. 바로 자신의 두 눈을 찌르면서 말이죠.

오이디푸스는 왜 스스로 눈을 찔렀을까요?

그전까지 오이디푸스는 자신이 두 눈으로 올바른 진실을 바라본다고 생각했을 것입니다. 하지만 진실을 찾는 과정에서 오이디푸스는 자신이 운명에 대해 눈뜬 장님이었다는 사실을 깨닫게 되죠. 오이디푸스가 자신의 눈을 멀게 한 것은, 육신의 눈을 버리고 내면을 바라보는 눈을 얻기 위함입니다. 마치 시각장애인이지만 내면의 눈으로 진리를 볼 수 있었던 티레시아스처럼 말이죠. 두 눈을 잃은 오이디푸스는 다음과 같이 말합니다.

> 아폴로 신이 내가 이런 고통을 당하도록 명했다네.
> 하지만 내 눈을 찌른 손은 다른 누구도 아닌 내 손이었다네.
> 내게 눈이 무슨 소용이겠는가,
> 눈을 통해 보는 게 하나도 기쁘지 않은데 말이오?
> - 소포클레스 〈오이디푸스 왕〉 中 -

오이디푸스는 자신의 운명에 대해 주체적인 모습을 보여주었네요.

신의 뜻 아래에서 인간이 할 수 있는 최선의 모습을 보여준 오이디푸스. 그의 모습을 통해 신화는 우리에게 다음과 같은 질문을 던집니다.

"피할 수 없는 운명, 받아들이면 될까요?"

오이디푸스의 일생을 보면 우리는 인간의 정체성에 대해 고민하게 됩니다. 나는 누구인가? 인간은 어떤 존재인가? 이렇게 존재에 대한 근원적인 질문을 던지게 되는 거죠. 그렇기에 오이디푸스 이야기가 그리스 철학의 태동에 중요한 밑거름이 되었던 것이겠죠.

오이디푸스 이야기를 들으면서 운명을 바라보는 시각이 많이 바뀌었어요.

나에게 일어났거나 일어날 일들은 모두 내가 감당해야 할 운명입니다. 운명으로 행운이 올 수도 있지만 불행이 찾아올 수 있습니다. 그런데 나에게 행운만 오길 바란다면 그건 욕심일 수 있습니다. 행운이 오면 겸손하게 받아들여야 합니다. 반면 불운이 오면 용기를 발휘해야 합니다. "우리 부모님은 물려줄 재산이 없어." 혹은 "나는 키가 너무 작아." 이런 말로 한탄하기만 하면 안 됩니다. 오히려 "부모님 재산을 받은 사람은 완벽하고 행복할까?" 내지는 "나는 내게 주어진 조건에서 어떻게 행복을 찾을 수 있을까?"와 같은 질문을 던져보면 어떨까요? 내게 주어진 조건을 인정하고, 내가 바꿀 수 있는 부분에 대해 최선을 다해야 합니다.

바꿀 수 없는 것에 집착하지 말고 바꿀 수 있는 부분에 집중하라는 말이죠? 그렇게 한다면 좀 더 긍정적인 마음을 갖고 살아갈 수 있을 것 같아요. 오이디푸스의 이야기로 이렇게 많은 생각을 할 수 있게 되다니 신기하네요.

그것이 바로 그리스 로마 신화의 매력 아닐까요? 그리스 로마 신화는 읽는 사람이 자신에게 질문하고 사색하도록 만듭니다. 특히 신화 이야기 중 오이디푸스는 그 매력의 선두 주자라고 할 수 있습니다.

혹시 피할 수 없는 운명으로 괴로웠던 적이 있나요? 만약 그렇다면 오이디푸스의 용기를 기억해내십시오. 스스로 나의 삶을 책임지는 능동적인 모습을 보여주길 바랍니다.

운명에는 우연이 없다.
인간은 어떤 운명을 만나기 전에
벌써 제 스스로 그것을 만들고 있는 것이다.

― 우드로 윌슨

참을 수 없는 유혹,
어떻게 하면 좋을까요?

오디세우스 Odysseus

오디세우스는 그리스 신화의 영웅으로 이타카의 영주,
트로이 전쟁의 영웅, 트로이 목마의 고안자이다.
그리스 서사시 〈오디세이아〉의 주인공이며
현명하고 꾀가 많은 인물이다.

오디세우스와 세이렌
허버트 제임스 드레이퍼 | 1909

　이 그림은 신화와 역사적인 주제를 다룬 영국의 신고전주의 화가 허버트 제임스 드레이퍼 Herbert James Draper 의 〈오디세우스와 세이렌〉입니다. 그림 가운데 돛대에 묶인 남자가 보이나요? 그는 트로이 전쟁의 영웅이자 그림의 주인공 오디세우스입니다. 그의 모습을 보면 노를 젓는 부하들과 다르게 상당히 괴로워하는 표정을 짓고 있습니다. 도대체 오디세우스에게 무슨 일이 생긴 걸까요?

　부하들이 오디세우스를 배신하고 돛대에 묶어 놓은 건가요?

그렇게 보일 수도 있겠네요. 하지만 오디세우스는 자신의 의지로 돛대에 묶인 것입니다. 오디세우스가 돛대에 묶인 이유를 알려면, 먼저 세이렌Siren에 대해 알아야 합니다. 그림의 오른쪽에 있는 세 명의 여인을 봐주세요. 이들이 바로 아름다운 노래를 불러 선원들을 유혹하는 바다 요정, 세이렌입니다. 우리에게는 스타벅스 로고로 잘 알려져 있기도 하죠. 세이렌은 빼어난 여인의 얼굴과 새의 몸을 가졌는데요. 세이렌의 노래를 들은 선원들은 유혹에 빠져 바다로 뛰어든다고 합니다. 스스로 제물이 되는 것이죠.

오디세우스가 돛대에 묶여 있어서 오히려 다행이네요. 어, 그런데 부하들은 돛대에 묶여 있지 않은데요? 표정도 오디세우스와 달리 침착해 보이고요. 부하들은 왜 세이렌의 유혹에 빠지지 않았나요?

오디세우스가 세이렌에 대한 대비책을 세워두었기 때문이죠. 어쩌다 이들이 세이렌이 도사리고 있는 위험한 바다를 지나게 된 것인지, 세이렌에게 홀리지 않기 위해 오디세우스가 어떤 방법을 쓴 건지, 궁금하지 않나요? 오디세우스의 모험을 함께 살펴보겠습니다.

트로이 전쟁이 끝나고, 드디어 고향으로 돌아가던 오디세우스는 한 섬에 도착했습니다. 그곳은 인육을 먹고 사는 라이스트리고네스Laestrygones족이 사는 섬이었습니다. 이를 몰랐던 오디세우스 일행은 속수무책으로 라이스트리고네스의 공격을 받았고, 배 한 척만 겨우

참을 수 없는 유혹, 어떻게 하면 좋을까요?

남게 되었습니다. 섬에서 가까스로 탈출하여 또 다른 섬에 도착을 했는데요. 이 섬의 이름은 아이아이아Aeaea였습니다. 아이아이아섬이 안전한지 확인하고 싶었던 오디세우스는 섬 안으로 정찰대를 보냈습니다. 그런데 정찰대원 중 한 명을 제외하고는 모두 돌아오지 않았습니다. 오디세우스가 돌아온 한 명에게 자초지종을 물으니, 나머지 정찰대원들은 모두 섬에 살고 있는 마녀 키르케Circe의 마법에 걸려 돼지로 변했다는 것이 아니겠습니까. 마치 〈센과 치히로의 행방불명〉 영화처럼 말이죠.

정말 그렇네요. 영화 <센과 치히로의 행방불명>의 주인공 치히로의 부모도 마녀 유바바의 저주를 받아 돼지로 변하잖아요.

영화 속 장면은 오디세우스의 부하들이 아이아이아섬에서 돼지로 변한 장면을 모티브로 삼아 만들었다고 합니다. 치히로가 돼지로 변한 부모님을 구하기 위해 온천장에 들어갔던 것처럼, 오디세우스는 부하들을 구하기 위해 섬 안으로 들어갔습니다.

오디세우스가 아무 대책도 없이 섬으로 들어가진 않았겠죠? 오디세우스도 부하들처럼 돼지로 변할까 봐 걱정되네요.

다행히 오디세우스는 키르케를 만나기 전, 전령의 신 헤르메스의 도움을 받습니다. 헤르메스는 오디세우스에게 특이한 약을 주었는데요. 키르케의 마법을 막아주는 약이었습니다. 오디세우스는 키르케를 만나기 전에 그 약을 먹었죠.

헤르메스가 오디세우스를 왜 도와줬을까요?

신화에 따르면 오디세우스는 헤르메스의 증손자라고 합니다. 신화 속 영웅들 대부분은 신과 인간 사이에서 태어난 경우가 많습니다. 고구려를 세운 주몽이 천제의 아들 해모수와 유화 사이에서 태어난 것처럼 말이죠.

오디세우스를 본 키르케는 그를 동물로 만들려고 했습니다. 하지만 마법이 통하지 않자 키르케는 당황했습니다. 오디세우스는 그 순간을 놓치지 않고 키르케를 제압했고, 무사히 부하들을 구했습니다. 한편 키르케는 자신을 굴복시킨 오디세우스를 보며 사랑에 빠지고 말았습니다. 그래서 부하들을 다시 인간으로 돌려달라는 오디세우스의 부탁에 키르케는 한 가지 조건을 걸었습니다. 바로 자신과 함께 살자는 것이었죠. 그간 힘든 시간을 보냈던 오디세우스는 키르케의 조건을 수용했고, 아이아이아섬에서 1년 동안 부하들과 행복한 나날을 보냈습니다. 그렇지만 시간이 흐르면서 오디세우스와 부하들은 점점 고향이 그리워졌습니다. 결국 오디세우스는 섬을 떠나 고향으로 돌아가기로 결심했습니다. 키르케는 오디세우스를 붙잡으려 했지만, 그의 완고한 태도를 보고 마음을 바꾸었습니다. 키르케는 오디세우스를 보내주었고, 고향으로 안전하게 돌아가는 방법까지 자세히 알려주었습니다.

그럼 세이렌을 만났을 때 대처하는 방법도 키르케가 알려준 건가요?

맞습니다. 키르케 덕분에 오디세우스와 부하들은 세이렌의 유혹에서 벗어날 수 있었습니다. 키르케의 조언에 따라 오디세우스는 섬을 통과하기 전 부하들의 귀를 밀랍으로 틀어막게 했거든요. 그런데 호기심이 강했던 오디세우스는 그토록 아름답다는 세이렌의 노래가 듣고 싶었죠. 그렇다고 세이렌에 홀려 바다에 빠져 죽고 싶지도 않았습니다.

오디세우스는 부하들에게 자신을 돛대에 묶고 절대로 풀어주지 말라고 명령했고, 무사히 세이렌의 노래를 들었습니다. 호기심도 해결하고 목숨도 구한 것이죠.

그야말로 일석이조네요. 역시 오디세우스는 지혜롭고 빈틈없는 영웅인가 봐요.

오디세우스도 사람인데 실수가 없었을까요? 특히 트로이 전쟁이 끝나고 고향으로 돌아가는 여정의 초반에 저질렀던 실수는 아주 치명적이었죠. 이 실수로 인해 트로이 전쟁을 마치고도 10여 년 동안 부하들과 함께 고향에 돌아가지 못하거든요. 전쟁이 끝난 뒤 고향 이타카로 돌아가던 오디세우스는 외눈박이 거인들이 사는 시칠리아섬에 도착했습니다. 고된 여정으로 굶주린 오디세우스와 그의 부하들은 시칠리아섬에 사는 사람들에게 부탁하여 주린 배를 채우려고 했습니다.

섬에 상륙하기 전에 먼저 그곳에 누가 사는지, 위험한 것은 없는지 잘 알아봐야 하지 않나요?

사실 고대 그리스에는 손님이 방문하면 무조건 환영하고 음식을 대접하는 전통이 있거든요. 그러니까 그곳에 누가 있든 자신들도 당연히 대접받을 줄 알았던 것입니다. 오디세우스와 부하들은 포도주 한 통을 매고 섬에 들어갔습니다. 일종의 집들이 선물인 셈이죠. 이윽고 그들은 치즈와 우유, 양 떼들이 가득한 동굴을 발견했는데요. 배가 고팠던 오디세우스 일행은 주인의 허락도 없이 동굴에 있는 음식을 먹었습니다.

그건 완전 도둑질인데요!

참을 수 없는 유혹, 어떻게 하면 좋을까요?

동굴은 거인족 폴리페모스Polyphemus가 사는 집이었습니다. 폴리페모스는 오디세우스와 부하들을 보자 어이가 없었습니다. 자기보다 훨씬 작은 생물이 마음대로 집에 들어와서 음식을 훔쳐먹었으니 그럴 만도 하죠. 이들을 괘씸하게 여긴 폴리페모스는 오디세우스 부하 두 명을 잡아먹었습니다. 그리고 남은 사람들은 자신이 기르던 양떼들과 함께 동굴에 가두었습니다.

무시무시하네요. 가만히 있으면 오디세우스와 부하들은 꼼짝없이 폴리페모스에게 잡아먹히겠어요. 어서 폴리페모스를 해치우기 위한 계책을 세워야 하지 않을까요?

오디세우스는 폴리페모스를 해치우고 싶었지만 그럴 수 없었습니다. 폴리페모스가 동굴 입구를 거대한 바위로 막아 놓았기 때문입니다. 만일 이대로 폴리페모스를 죽인다면 입구를 막은 바위를 움직일 수 없게 되어 평생 동굴 안에 갇히게 될 수도 있었습니다. 그러나 이대로 가만히 있을 오디세우스가 아니죠? 오디세우스는 한 가지 꾀를 냅니다. 저녁이 되어 폴리페모스가 돌아오자 오디세우스는 자신이 가져온 포도주를 폴리페모스에게 바쳤습니다. 태어나서 포도주를 처음 마셔본 폴리페모스는 정신없이 포도주를 마셨습니다. 이내 취기가 돌아 기분이 좋아진 폴리페모스는 오디세우스에게 이름을 물어보았습니다. 오디세우스는 자신의 이름을 '우티스

Outis' 즉 '아무도 아닌 자'라고 말했습니다. 그의 대답에 폴리페모스는 "너는 특별히 마지막에 잡아먹겠다."라고 말한 뒤 잠이 들었습니다.

'아무도 아닌 자'라니, 마치 무협지에서 이름이 없는 무사를 '무명'이라 부르는 것과 비슷하네요. 오디세우스는 왜 그런 거짓말을 했나요?

글쎄요, 본능적으로 이름을 알리면 위험해질 것 같다고 생각했던 걸까요? 오디세우스가 이렇게 말한 것은 나중에 큰 도움이 됩니다. 폴리페모스가 깊은 잠에 빠지자 오디세우스는 부하들과 함께 날카로운 나무로 거인의 눈을 찔렀습니다. 폴리페모스를 죽이면 동굴에서 탈출할 수 없기에 눈만 찌른 것입니다. 폴리페모스는 괴로워하며 비명을 질렀습니다. 그러자 주변에 있는 다른 거인들이 우르르 몰려와 폴리페모스에게 무슨 일이냐고 물었죠.

거인 한 명도 상대하기 버거운데 다른 거인들까지 몰려들다니, 오디세우스 일행에게는 절체절명의 순간이었군요.

일행의 목숨이 바람 앞의 등불처럼 위태로웠습니다. 동료 거인들의 물음에 폴리페모스가 이렇게 답했습니다. "아무도 아닌 자가 나를 다치게 했어!" 그러자 동료들은 한숨을 쉬며 말했죠. "아무도 아닌 존재가 널 다치게 했다면, 신이 널 아프게 한 거로군." 거인들은

참을 수 없는 유혹, 어떻게 하면 좋을까요?

아픈 폴리페모스를 뒤로하고 동굴 입구를 닫은 후 각자의 집으로 돌아갔습니다.

일종의 언어유희네요. 그 다음엔 어떻게 되었나요?

폴리페모스 동굴의 오디세우스
야곱 요르단스 | 17C

폴리페모스는 고통 속에서 밤을 지새웠습니다. 눈이 보이지 않아 오디세우스와 부하들을 잡아먹을 수도 없었습니다. 이윽고 아침이 밝았습니다. 해가 뜨면 동굴에 있던 양 떼들은 풀을 먹기 위해 평소처럼 동굴 밖으로 나가야 했습니다. 그래서 폴리페모스는 동굴 입구를 열어야만 했죠. 그런데 눈이 보이지 않게 된 폴리페모스는 오디세우스 일행이 양과 함께 빠져나갈까 봐 걱정이 됐습니다. 그래서 양이 밖으로 나갈 때마다 한 마리씩 쓰다듬으며 양과 사람을 구분하려 했습니다. 그 모습을 지켜본 오디세우스가 한 번 더 꾀를 냈습니다. 부하들에게 양의 배 밑에 매달려 동굴을 통과하도록 지시한 것입니다. 오디세우스의 뛰어난 지혜가 다시금 발휘되는 순간이었습니다.

무사히 동굴에서 탈출한 오디세우스 일행은 배를 타고 도망쳤습니다. 그런데 오디세우스 일행이 섬을 떠나려는 순간, 폴리페모스는 오디세우스가 동굴 안에 없다는 사실을 눈치채고 말았습니다. 폴리페모스는 마구 소리를 지르며 오디세우스 일행을 쫓아왔고, 바위를 던지며 배를 침몰시키려 했습니다. 하지만 눈이 보이지 않았기에 거인의 행동은 별다른 위협이 되지 않았습니다. 그런데 섬에서 떠나기 직전 오디세우스는 그만 한 가지 큰 실수를 저지르고 마는데요. 긴장이 풀린 탓인지 "너를 다치게 한 자는 이타카의 왕이자 트로이의 영웅인 오디세우스다!"라고 외친 것이죠. 자신을 드러내고 싶은 유혹을 이기지 못하고 이 같은 실수를 저지른 것입니다.

그래도 무사히 탈출했으면 상관없지 않나요? 마지막에 자신의 이름을 당당하게 밝히는 모습이 오히려 용감해 보이기도 하고요.

폴리페모스의 아버지는 바다의 신 포세이돈입니다. 아들의 눈을 멀게 한 오디세우스를 포세이돈이 가만히 놔뒀을까요? 오디세우스는 배를 이용해 고향에 돌아가야 했는데, 고향으로 돌아가려면 바다

참을 수 없는 유혹, 어떻게 하면 좋을까요?

의 시 포세이돈의 도움이 필요했습니다. 적어도 적으로 만들면 안되었죠. 만약 오디세우스가 폴리페모스에게 끝까지 이름을 밝히지 않았다면 포세이돈은 아들을 다치게 한 사람을 '아무도 아닌 자'로 알았을 것입니다. 하지만 오디세우스가 이름을 밝혔기 때문에 포세이돈은 아들을 다치게 한 존재가 누구인지 알게 됩니다. 결국 포세이돈의 미움을 받은 오디세우스는 10년 동안 바다를 헤매는 저주를 받게 되었습니다.

세이렌과 폴리페모스, 두 이야기를 비교해보니 유혹에 대처하는 오디세우스의 자세가 사뭇 다르네요. 세이렌을 만났을 때는 좀 더 냉철했던 것 같아요. 실수도 없었고요.

참을 수 없는 유혹 이겨낼 수 있을까요?

루시 모드 몽고메리 Lucy Maud Montgomery 소설 〈빨간 머리 앤〉*을 본 적 있나요? 우리나라에서는 만화로 방영되어 많은 인기를 끌었습니다. 소설 속에서 앤은 사과꽃을 꺾고 싶은 마음과 생명의 소중함을 지키고 싶은 마음 사이에서 갈등하는데요. 결국 앤은 유혹을 이기지 못하고 사과꽃을 꺾습니다. 그러나 사과꽃을 꺾은 다음 앤은 마음이

---

* 루시 모드 몽고메리(1908). 빨간 머리 앤.

무거워졌습니다. 그래서 앤은 아주머니께 물어봅니다. "도저히 이길 수 없는 유혹을 느낄 때, 아주머니는 어떻게 하세요?" 여러분은 어떤가요? 앤처럼 도저히 참을 수 없는 유혹을 느낄 때 어떻게 하나요?

사실 저는 유혹에 쉽게 빠지는 성격이에요. 최근에 야식을 먹지 않겠다는 계획을 세웠는데, 지키기 참 어려웠습니다. 결국 어제도 밤에 배달을 시켜먹었죠. 이런 간단한 유혹도 이겨내기 참 힘들더라고요. 혹시 유혹을 참는 방법이 있을까요?

유혹은 내 마음에 들어와 나를 안달 나게 하고, 하지 않으면 자꾸만 생각나는 것입니다. 그래서 유혹을 참는 것은 생각보다 쉽지 않습니다. 사람, 물건, 장소 등 세상에는 나를 유혹하는 것들이 너무나 많죠. 그래도 방법이 없는 건 아닙니다. 세이렌과 폴리페모스 이야기를 비교하며 자세히 알아보겠습니다. 폴리페모스에게서 벗어날 때 오디세우스는 자신을 자랑하고 싶은 유혹에 빠졌고, 결국 큰 피해를 봤습니다. 하지만 세이렌은 맞닥뜨렸을 때는 비록 유혹에 빠졌음에도 큰 피해를 보지는 않았습니다. 왜 그럴까요? 바로 원하는 결과를 얻기 위해 스스로 행동에 제약을 가했기 때문입니다. 심리학에서는 이런 행동을 '행동 장치Commitment Device'라고 합니다.

오디세우스가 세이렌의 노래를 듣고 유혹에 빠지지 않으려 자신을 돛대에 묶은 것도 행동 장치를 실천했다 할 수 있겠군요.

그렇죠. 행동 장치는 미래에 자신의 의지가 약해질 것을 예상하고, 이에 대한 대책을 미리 마련하는 단순한 원리이지만 효과는 강력합니다. 소비를 줄이기 위해 신용카드를 잘라버리거나, 야식을 끊기 위해 저녁을 많이 먹고 바로 양치하거나 일찍 잠자리에 드는 방법 등이 일상생활에서 실천할 수 있는 행동 장치입니다.

좋은 방법이네요. 이제부터 유혹을 이기기 위해 제 행동을 통제할 수 있는 강력한 행동 장치를 마련해 봐야겠어요.

참을 수 없는 유혹을 이기는 방법으로 충분한 체력도 꼭 필요한 부분입니다. 오디세우스가 폴리페모스에게 자신의 이름이 무엇이라 외쳤던 것을 기억하시나요? 오디세우스는 외눈박이 거인 폴리페모스를 상대하느라 이미 많은 체력을 소모했습니다. 그래서 몸과 마음에 여유가 없었습니다. 자신을 뽐내고 싶은 마음을 통제해야 하지만 그럴 수 없었던 것이죠. 하지만 세이렌을 통과할 때는 아이아이아섬에서 떠나기 전 긴 휴식을 통해 체력을 넘치도록 보충한 상태였습니다. 그래서 몸과 마음에 여유가 있었고요. 체력이 충분하면 자신을 더 쉽게 통제할 수 있고 유혹을 이길 수 있습니다.

아플 때 의사 선생님이 잘 먹고 잘 자라고 하는데 괜히 하는 말이 아니었군요. 저는 지금까지 노력과 열정이 부족해 유혹을 이겨내지 못한다고 생각했어요. 그런데 체력도 굉장히 중요한 거였군요. 몸과 마음이 지쳤을 때는 유혹에 빠질만한 일들을 더더욱 피하는 것이 좋겠어요.

빨간 머리 앤이 아주머니께 유혹을 참는 방법을 물어봤을 때, 아주머니는 이렇게 말했습니다.

"앤, 도저히 이길 수 없는 유혹이 찾아왔다면
가끔은 그 유혹에 즐겁게 빠져드는 것도
삶을 즐겁게 사는 방법인 것 같아.
사과꽃도 분명 너와 함께 보낸 시간 속에서 행복했을 거야.
삶은 정해진 대로 사는 것이 아니니까.
어쩌면 즐거운 유혹에 한 번쯤 빠져보는 것이
너의 삶을 더 반짝거리게 할 수도 있어."

참을 수 없는 유혹이 다가올 때마다 매번 참는 것은 불가능합니다. 나중에 후회하더라도 지금의 행복을 위해 유혹에 빠질 수도 있습니다. 이때 중요한 것은 '내가 그 유혹을 조절할 수 있는지'입니다.

유혹에 대처하고 싶나요? 그렇다면 유혹이 있을 때 어떻게 하면 좋을지 생각하고, 적절하게 대처할 수 있는 나만의 행동 장치를 만들어 보기 바랍니다. 그리고 체력을 키우십시오. 건강한 체력을 키워 놓으면 아무리 강력한 유혹이라도 대처할 수 있을 겁니다.

유혹을 이겨내기 위한 유일한 방법은
유혹을 받아들이는 것이다.

― 오스카 와일드

◆
직장 생활에
회의감이 듭니다

시시포스 Sisyphos

바람의 신 아이올로스와 에나레테의 아들이다.
코린토스의 창업 군주이며, 교활하고 꾀가 많았다.

시시포스
티치아노 베첼리오 | 1549

 티치아노 베첼리오Tiziano Vecellio의 〈시시포스〉입니다. 그는 르네상스 시대에 유럽 각지를 돌아다니며 활약한 세계 최초의 국제 화가였죠. 또한 서양 미술의 기본이 된 유화 기법을 개척한 화가이기도 합니다. 그림을 보면 한 남자가 힘겹게 무거운 돌을 지고 있는 모습이 보입니다. 심지어 그 돌을 들고 언덕이나 산을 오르는 것 같네요. 도대체 남자는 왜 이런 일을 하고 있을까요?

아무래도 뭔가 큰 잘못을 저지른 모양이네요. 그림 속 남자는 누구인가요?

그림 속 남성은 코린토스의 왕 시시포스입니다. 혹시 시시포스라는 이름을 들어본 적 있나요?

처음 들어봐요. 유명한 사람인가요?

유명하죠. 오죽하면 〈일리아스〉와 〈오디세이아〉를 쓴 작가 호메로스Homer는 시시포스를 '인간 중에서 가장 현명하고 신중한 자'라고 말하며 칭찬했을 정도니까요.

그런 사람이 왜 이런 벌을 받고 있나요?

신들의 왕인 제우스Zeus를 속였기 때문입니다. 이 때문에 시시포스는 커다란 바윗덩어리를 산꼭대기까지 밀어 올려야 하는 형벌을 받게 됩니다. 그런데 문제가 있습니다. 바윗덩어리는 정상에 올라가면 다시 아래로 굴러떨어집니다. 바윗덩어리가 떨어지면 시시포스는 다시금 바윗덩어리를 정상에 올려두어야만 했죠. 시시포스는 똑같은 일을 무한하게 반복하는 형벌을 받았고 영원히 고통 속에서 살

앉습니다.

시시포스가 어떤 일로 제우스를 속였는지 구체적으로 알려주세요.

그 사연을 소개하려면 먼저 제우스의 바람둥이 일화부터 시작해야 합니다. 어느 날 제우스는 하늘에서 지상을 내려보다 아름다운 요정 아이기나Aigina를 보고 첫눈에 반했습니다. 제우스는 독수리로 변신해 아이기나를 억지로 끌고 가서 사랑을 나누었습니다. 그런데 아이기나를 납치하는 모습을 본 사람이 있었습니다. 바로 시시포스였습니다. 얼마 후 강의 신이자 아이기나의 아버지인 아소포스Asopos는 딸이 없어진 것을 알게 되었고, 애타게 아이기나를 찾습니다. 하지만 아무런 단서도 없이 딸을 찾는 것이 쉽지 않았죠. 아소포스는 지혜가 많은 시시포스에게 딸의 행방을 아는지 물어보았습니다. 혹시나 어떤 작은 실마리라도 잡을 수 있기를 바란 것입니다. 그런데 시시포스는 아소포스의 딸이 어디에 있는지 알고 있었습니다. 그래서 아소포스에게 자신의 국가 코린토스에서 샘물이 솟아나게 해주면 딸의 행방을 알려주겠다고 말했습니다.

샘물이요? 시시포스는 왜 이런 조건을 말했나요?

당시 코린토스는 물이 부족해서 백성들이 고통을 겪고 있었거든요. 왕으로서 당연히 할 수 있는 부탁이었죠. 아소포스는 시시포스의 조건을 들어주었습니다. 그러자 시시포스는 제우스가 아이기나를 납치했다고 말해주었고, 아소포스는 곧장 제우스를 찾아가서 따졌습니다. 조용히 일을 처리했다고 생각한 제우스는 깜짝 놀랐습니다. 납치 사건은 결국 헤라에게 들키고 말았고 제우스는 이로 인해 큰 곤욕을 치렀습니다. 이 사건을 계기로 제우스는 시시포스를 미워하게 되었고요.

아니 방귀 뀐 놈이 성낸다더니, 애초에 제우스가 잘못한 거 잖아요. 제우스는 시시포스에게 어떤 복수를 했나요?

제우스는 죽음의 신 타나토스Thanatos를 보내 시시포스를 저승으로 보내려고 했습니다. 타나토스는 사슬을 들고 다니며 저승에 갈 사람을 묶어서 데리고 갔는데요. 한번 그 사슬에 묶이면 풀기가 어려웠죠. 그런데 시시포스는 아무리 생각해도 억울했습니다. 잘못한 일도 없는데 저승에 가게 되다니요. 그는 생각 끝에 절묘한 꾀를 하나 냈습니다.

어떤 꾀였나요?

시시포스는 타나토스가 자신을 사슬에 묶으려 할 때, 죽기 전 마지막 소원으로 사슬을 만져보고 싶다고 말했습니다. 제우스의 심술로 죽게 된 시시포스를 안쓰럽게 여겼던 걸까요? 타나토스는 아무런 의심도 하지 않고 사슬을 건넸습니다. 그러자 시시포스는 타나토스를 단숨에 묶어버렸습니다. 그리고는 자신의 궁전에 있는 감옥에 타나토스를 가뒀습니다.

죽음의 신을 감옥에 넣었다고요? 정말 용감하네요. 그런데 신을 가두면 큰 문제가 생기지 않을까요?

타나토스가 감옥에 갇히자 엄청난 문제가 생겼습니다. 신의 특권인 영생을 인간도 누리게 되었기 때문입니다. 이를 보고만 있을 수 없던 제우스는 급히 전쟁의 신 아레스를 보내 타나토스를 구출했습니다. 감옥에서 나온 타나토스는 시시포스를 사슬에 묶어 저승으로 데려갔죠.

이번에는 시시포스가 꼼짝없이 당하게 된 건가요?

그럴 리가 없죠. 저승에 내려가기 전 시시포스는 아내에게 이렇게 말했습니다. "나의 장래를 치르지 말고 시신을 광장 한가운데 버리시오." 시시포스의 아내는 아무런 영문도 모른 채 그의 말을 따랐습니다. 한편 시시포스는 저승을 다스리는 하데스의 앞으로 끌려 갔습니다. 그때 시시포스는 하데스 앞에서 아내를 비난하며 이렇게 말했죠. "저는 억울하게 죽음을 맞이했고, 아내에게도 버림받았습니다. 더욱이 장례조차 치르지 않다니 이는 지하의 신 하데스를 존중하지 않는 뜻입니다. 제가 다시 이승으로 돌아가 아내를 혼내주고 오겠습니다." 하데스는 인간이 자신을 무시했다는 사실에 분노했습니다.

그래서 시시포스가 장례를 치를 수 있도록 사흘의 시간을 주어 다시 이승으로 보냈습니다.

　신들이 단순한 건지 시시포스가 현명한 건지 이제는 좀 헷갈리네요. 그래서 시시포스는 다시 살아난 건가요?

　이승으로 돌아온 시시포스는 아내와 함께 행복하게 살았습니다. 하지만 하데스는 자신을 속인 시시포스를 용서하지 않았습니다. 제우스 역시 순순히 벌을 받지 않고 자신에게 망신을 준 시시포스를 용서할 수 없었죠. 그래서 시시포스가 수명을 다하고 저승으로 오게 되자 무시무시한 벌을 내렸습니다. 커다란 바위를 높은 산 정상까지 올려야 하는 형벌이었죠. 산꼭대기의 모양은 너무나 뾰족해서 바위가 잠시도 머무를 수 없을 정도였습니다. 어렵게 올린 커다란 바위는 어김없이 다시 아래로, 아래로 떨어지는 것을 반복했습니다. 시시포스는 영원히 바위를 올리고, 또 다시 올리는 행위를 반복하며 지내야 했습니다.

회의적인 삶에서 좋아하는 일을 찾아보세요

　여러분은 매일 새로운 경험을 하며 행복하게 살고 있나요? 아니면 반복되는 삶에 지쳐있나요? 대부분의 직장인은 반복되는 일상에 적응하며 바쁘게 살고 있습니다. 심지어 아무런 생각 없이 하루하루를 보냅니다. 그런데 혼자 길을 걷다가, 지하철을 타고서 차창 밖을 내다보다가, 문득 이런 생각이 들 때가 있습니다. '과연 이렇게 사는 것이 맞는 건가?' 혹시 이런 회의감을 느꼈던 경험이 있나요?

　　분명 출근하고 일하느라 하루 종일 정신이 없지만, 저녁에 퇴근하고 나면 갑자기 직장 생활에 회의를 느낄 때가 가끔 있어요.

　직장인의 삶은 마치 영화 〈모던 타임즈〉에 등장하는 찰리 채플린 Charles Chaplin과 같습니다. 1936년에 개봉한 영화인데요. 매일 나사를 조이며 자신을 돌보지 않는 찰리 채플린의 모습은 100년이 지난 오늘날 우리의 모습과 다를 바 없습니다. 그런데 무려 수천 년 전에 이와 비슷한 모습을 보여준 인물이 있는데요. 바로 시시포스가 그 주인공입니다.

　　직장인, 시시포스, 찰리 채플린이 서로 비슷하다고요? 왠지 쉽게 상상하기 어렵네요.

　반복해서 무한히 돌을 굴리는 시시포스의 모습이 현대 직장인과 닮아 있지 않나요? 정상에 올린 바위는 곧바로 아래로 굴러떨어집니다. 끝나지 않는 영원한 노동을 하는 셈이죠. 저는 이런 점이 출근과 퇴근을 반복하며 매일매일 일하는 직장인의 모습과 비슷하다고 느껴져요. 특히 힘들게 정상에 올려놓아도 이내 굴러떨어지는 바위를 바라보는 시시포스의 심정을 상상해보세요. 어떤 일을 해냈지만 다시 좌절하고 마는 우리의 모습을 보여주는 듯합니다. 좌절로 귀결되는 무기력한 삶이 시시포스에게 내려진 진정한 처벌인 셈이죠.

이제 보니 시시포스의 모습에서 동질감이 느껴지네요.

시시포스의 미래는 바뀌지 않으므로, 사실 돌을 굴리는 그의 현재 삶은 무의미하다고 볼 수 있습니다. 그런데 실존주의 철학자이자 소설가 알베르 카뮈Albert Camus의 생각은 달랐습니다. 그는 돌이 떨어져 내릴 줄 알고 있으면서도 다시금 돌을 굴려 올리는 시시포스의 모습을 부조리에 맞선 '인간 승리'라고 평가했습니다. 바위를 올려놓는다는 결과가 아니라, 이를 위한 투쟁 자체가 중요하다는 뜻이지요. 포기하지 않는 시시포스의 모습에 초점을 맞춘 것입니다. 형벌을 수행하거나, 수행하지 않거나 바위가 아래로 떨어진다는 결과는 똑같습니다. 하지만 시시포스는 매순간 도전을 멈추지 않는다는 점에서 나름의 의미를 찾았습니다. 산 정상까지 돌을 올려두는 과정 자체에서 의미를 찾았고, 돌이 아래로 떨어질 때면 이를 따라 산에서 내려가며 주변을 돌아다보고 휴식의 기쁨을 느꼈습니다.

시시포스는 결과에 집착하기보다 과정에서 삶의 의미를 포착했군요.

시시포스는 자신의 반복적인 행위에 자긍심을 느꼈고, 지난날 신에게 대항했던 일을 후회하지 않았습니다. 알베르 카뮈는 시시포스 이야기를 통해 부조리를 직면한 인간이 할 수 있는 선택에 대해 말하고 싶었는지도 모릅니다. 어떤 사람은 부조리에서 도피하기 위해 자살과 같은 극단적인 방법을 택할 수도 있겠죠. 아니면 현실에 순응하며 지낼 수도 있고요. 하지만 누군가는 시시포스처럼 자신에게 주어진 삶에 의미를 두고 살아가는 방법을 택하기도 합니다. 여러분은 어떤 선택을 내릴 건가요?

저도 제 삶에서 의미를 찾고 싶어요. 그런데 쳇바퀴 돌 듯 매일 똑같은 직장 생활에서 어떤 특별한 의미를 찾을 수 있을까요?

삶에서 의미를 찾기 위한 방법으로 책 한 권을 추천하고 싶은데요. 빅터 프랭클Viktor Frank의 자전적 에세이 〈죽음의 수용소〉*입니다. 〈죽음의 수용소〉는 크게 두 부분으로 나뉩니다. 전반부는 주인공이 나치 강제수용소에서 겪었던 이야기를 담고 있고요. 후반부는 수용소 경험을 바탕으로 하는 '로고테라피Logotherapy' 이론을 다루고 있습니다. 로고테라피는 '사람이 살아가면서 가장 중요한 것은 바로 자기 삶의 의미를 찾는 것'이라는 내용입니다. 사람은 주어진 환경에 순응하여

---

* 빅터 프랭클(2020). 죽음의 수용소에서. 청아출판사.

수동적이거나 소극적으로 행동할 수도, 때로는 좌절하고 포기할 수도 있지만, 마음을 어떻게 먹는지에 따라 자신의 상황을 바라보는 관점을 변화할 수 있다는 것이죠.

빅터 프랭클은 극한 상황에서 사람이 살고 죽는 것은 '내 삶에 의미가 있는가?'라는 질문의 대답에 달렸다고 말합니다. '헤어진 가족을 꼭 다시 만나야 해!' 혹은 '나의 연구를 마무리 지어야 해!'와 같이 살아남아야 하는 간절한 이유가 있던 사람들은 가스실로 끌려가지 않은 이상 죽지 않았습니다. 반면 수용소에서 삶의 의미를 찾지 못한 사람은 죽고 말았습니다. 이러한 경험을 바탕으로 빅터 프랭클 박사는 자기 삶의 의미를 찾을 수 있도록 도와주는 로고테라피, 다른 말로 '의미 요법'을 만들었습니다.

나에게 주어진 환경에서 어떤 입장을 가질 것인가는, 사실 본인의 자유입니다. 환경에 종속되기를 선택할 수도 있고, 환경을 극복하기를 선택할 수도 있죠. 빅터 프랭클 박사는 수용소에서 삶의 3가지 의미를 발견했습니다.

첫째, 내가 할 수 있는 일, 나만이 할 수 있는 일을 찾자.
둘째, 지루한 세상살이를 이길 힘인 사랑을 찾자.
셋째, 고통과 죽음 없이 인생은 완성되지 않으므로 고난을 받아들이자.

부조리 속에서 삶의 의미를 찾으며 버텼던 시시포스의 모습이 로고테라피 그 자체였던 것 같아요. 결국 마음가짐이 중요하다는 것이군요.

맞습니다. '마음먹기에 따라 달라진다'는 말이 있죠? 직장 생활에서도 마찬가지로 마음가짐이 중요해요. 내가 다니는 직장 안에서 의미를 찾아야 하는데요. 바꿀 수 없는 부분이 아니라, 바꿀 수 있는 부분에 집중해야 합니다. 그런데 다른 사람이나 주변의 상황을 바꾸는 건 쉽지 않죠. 그러므로 나의 마음을 바꾸는 것이 가장 좋은 방법입니다. 마음을 바꾸어 내가 할 수 있는 일, 나만이 할 수 있는 일을 찾아야 합니다.

다음으로 퇴근 후에 내가 좋아하는 일이 무엇인지 찾아보길 바랍니다. 취미 활동을 하거나, 좋아하는 사람을 만나는 것도 좋습니다. 반복되는 나의 삶에 변화를 주어야 합니다. 사랑의 대상이 사람이라면 좋겠지만, 저는 사람이 아닌 취미나 물건이라도 이를 사랑하게 된다면 삶의 의미를 찾을 수 있다고 생각합니다. 사랑하는 마음을 가지면 현재를 소중하게 여길 수 있기 때문입니다.

맞네요. 저는 레고 만들기를 좋아하는데요. 퇴근 후, 레고 만들 생각으로 하루하루 버텼던 것 같아요.

마지막으로 고난을 피하지 말고 인정해야 합니다.

"우리가 해야 할 일은 역경을 제대로 직시하는 것이다.
여기서는 진실만이 유일한 수단이다.
우리는 우리가 바라는 세상이 아니라
있는 그대로의 세상에서 살아야 한다."
- 키어런 세티야 〈Life is Hard〉* 中 -

삶의 의미를 찾으려면 현실을 받아들이라는 것이죠. 아무것도 하지 않아도 고난은 우리를 찾아옵니다. 고난이 나에게만 오는 것이 아니라 누구에게나 올 수 있다는 마음, 그리고 나는 그 고난을 이겨낼 수 있다는 단단한 마음을 갖길 바랍니다.

행복은 변수이지만 불행은 상수라는 말이 생각나요. '고난이 왜 나한테 올까'라고 생각하기보다 '이 고난을 잘 이겨내야겠다'라고 생각해야겠어요.

"인간은 노력하는 한 방황한다."

〈파우스트〉**에 나오는 문구인데요. 어쩌면 지금 여러분이 직장생활에서 느끼는 회의감은, 너무나 열심히 노력하기 때문일지도 모릅니다. 내 삶에 회의를 느끼고 있나요? 그렇다면 좋아하는 일 혹은 의미있는 일을 찾아보세요.

---

* 키어런 세티야(2023). 라이프 이즈 하드(Life is hard). 민음사.
** 요한 볼프강 본 괴테(1755). 파우스트.

굴러떨어진 바위를 향해 다시 내려오는 그 순간이야말로
시시포스가 자신이 처한 운명과 싸워서 이기는
승리의 순간이다.

— 알베르 카뮈

나도 모르게
꼰대가 되었습니다

크로노스 Kronos

하늘의 남신 우라노스와 땅의 여신 가이아 사이에서
태어난 막내아들이며, 훗날 아버지 우라노스를 물리치고
신들의 왕이 된다. 농경을 다스리는 신으로
로마 신화에서는 사투르누스라고 불린다.

신화 갤러리 수록 삽화
오뱅-루이 밀랭 | 1811

　그림을 보면 한 여인이 남자에게 무엇인가 건네주고 있습니다. 그런데 여인이 내밀고 있는 물건이 조금 이상합니다. 무엇인지 알아볼 수 없도록 천으로 꽁꽁 싸맸습니다. 대체 이 물건의 정체가 무엇일까요? 여인은 왜 이렇게 물건을 가린 채로 가져왔을까요?

글쎄요, 물건을 숨기고 싶은 마음인 걸까요? 여인은 물건을 두 손으로 건네지만, 남자는 한 손으로 받고 있는 걸 보니 서로 물건의 가치를 다르게 여기고 있네요. 남자는 물건이 하찮다고 생각하고, 여인은 소중하게 다루고 있는 듯 보입니다. 그런데 두 사람은 무슨 사이인가요?

두 사람은 부부입니다. 그림 속 왼쪽 여인은 제우스의 어머니 레아이고, 오른쪽은 제우스의 아버지 크로노스예요. 참고로 크로노스는 제우스 이전에 신들의 왕이라고 불리었죠. 제우스가 태어나자, 크로노스는 제우스를 찾았고 레아는 제우스를 숨겼습니다. 그리고는 돌덩이를 꽁꽁 싸매어 제우스라고 거짓말하며 크로노스에게 건넸습니다. 그림은 바로 그 순간을 표현한 장면입니다. 크로노스는 레아가 준 돌덩이를 제우스라고 생각해 바로 꿀꺽 삼켜버립니다.

그렇다면 크로노스는 자신의 아이를 삼킨거나 다름없군요. 왜 그런 무시무시한 행동을 했나요?

크로노스가 아이를 삼킨 것은 처음 있는 일이 아니었습니다. 그는 제우스 이전에 태어난 5명의 아이도 모두 잡아먹었죠. 이런 끔찍한 짓을 한 이유는 무엇일까요? 바로 크로노스가 아버지 우라노스에게 "네가 나를 쫓아냈던 것처럼 너 역시 너의 자식들에게 그 자리를 빼앗길 것이다."라는 저주를 들었기 때문입니다. 신들의 왕 우라노스는 가이아와 결혼하여 12명의 티탄 신, 키클롭스 삼형제, 헤카톤케이레스 삼형제를 낳았습니다. 그런데 우라노스는 키클롭스 삼형제와 헤카톤케이레스 삼형제를 유독 경계했습니다. 이들이 자신보다 능력이 뛰어났기 때문입니다. 우라노스는 삼형제들이 반란을 일으키면 자신의 자리를 빼앗을 수 있다고 생각했습니다. 그래서 자신의 모든 자식들을 가두었습니다. 이를 본 어머니 가이아는 분노했습니다. 그래서 또 다른 자식인 12명의 티탄 신들에게 우라노스와 싸워 복수해달라고 부탁했습니다. 모든 티탄 신들이 아버지가 두려워 망설일 때, 막내 크로노스가 용기 있게 나섰습니다. 아버지를 무찌르고 어머니의 복수를 해내겠다고요. 크로노스는 우라노스가 잠이 들었을 때 가이아가 만든 낫을 들고 아버지의 성기를 잘라 바다에 던져버렸습니다.

참고로 이때 바다에 떨어진 우라노스의 성기에서 흘러나온 정액이 바닷물과 섞이면서 흰 거품이 일었고, 그 자리에서 미의 여신 아프로디테, 즉 비너스가 태어났다고 합니다.

깜짝 놀란 우라노스는 황급히 도망을 갑니다. 어머니의 복수를 이룬 크로노스는 이제 우라노스의 자리를 물려받아 신들의 지도자로 등극합니다.

애초에 자식들을 가둔 우라노스가 잘못했네요. 새로 왕위에 오른 크로노스는 어땠나요? 신들을 잘 다스렸나요?

비너스의 탄생
산드로 보티첼리 | 1485

    크로노스는 가이아에게 이전에 감금당했던 키클롭스 삼형제와 헤카톤케이레스 삼형제를 모두 풀어주겠다고 약속했습니다. 우라노스를 몰아낸 뒤 크로노스는 그 약속을 지켰죠. 그러나 권력을 갖게 된 크로노스는 얼마 지나지 않아 삼형제들을 다시 감금했습니다.

    어머니와의 약속을 어겼군요. 왜 그랬나요?

    우라노스가 그들을 경계했던 것처럼, 크로노스도 권력을 빼앗기게 될까 두려웠던 거겠죠. 역사는 반복된다는 격언처럼, 크로노스는 왕

나도 모르게 꼰대가 되었습니다

위에 오르자 아버지와 똑같이 행동했습니다. 심지어 크로노스는 아버지보다 더 끔찍한 악행을 저질렀습니다. 바로 자신의 자식들을 삼켜버린 것입니다. 하지만 아무리 권력을 유지하고자 노력해도 소용없었습니다. 크로노스는 결국 자신의 아버지와 마찬가지로 막내아들 제우스에 의해 쫓겨나게 됩니다. 우라노스의 저주가 실현된 것이죠.

꼰대는
나이와 상관없습니다

최근 많은 K-콘텐츠가 전 세계 사람들의 시선을 사로잡고 있습니다. 그중에서도 제 눈길을 사로잡은 콘텐츠가 하나 있다면 바로 SNL에서 방영하는 〈MZ 오피스〉입니다. 〈MZ 오피스〉는 직장에 입사한 젊은 직원들의 행태를 풍자한 드라마인데요. 많은 직장인의 공감을 얻고 있습니다. 특히 '젊은 꼰대' 캐릭터가 큰 인기를 끌고 있죠.

저도 <MZ 오피스>를 재미있게 봤어요. 약간 과장된 면도 있지만 공감이 가는 부분도 많더라고요. 특히 나이 많은 직장 상사보다 더욱 꼰대 같은 역할이 인상적이었습니다.

젊은 꼰대는 나이가 어림에도 기성세대보다 더 권위적인 모습을 보이는 사람들을 비하할 때 사용하는 말입니다. 젊은 꼰대의 말투나 행동은 우리가 흔히 말하는 기성세대 꼰대의 모습과 비슷합니다. 젊은 꼰대들은 기존의 꼰대처럼 "나도 다 해봐서 아는데~"라는 조언을 빙자한 명령을 하고, 자신의 경험을 강요하며 불합리한 지시를 내립니다. 그런데 기존 꼰대와 젊은 꼰대는 다른 점이 하나 있습니다. 바로 젊은 꼰대는 자신이 꼰대인 사실을 인정하지 않거나, 아예 의식조차 못한다는 겁니다. 더한 경우 자신은 후배의 마음을 잘 이해하는 멋진 선배라고 착각을 하기도 합니다. 자신은 어리니까 당연히 꼰대가 아니라고 생각하는 것이죠.

어찌 보면 기존 꼰대들보다 더 대하기 어려울 수 있겠어요.

그렇죠? 크로노스 이야기에서 우리는 젊은 꼰대의 모습을 살펴볼 수 있습니다. 새로운 왕이 등장했으니 다른 신들도 크로노스에 대한 기대감이 컸을 겁니다. 크로노스도 처음에는 자신의 아버지와 다르게 행동하려고 했죠. 그래서 우라노스가 감금했던 키클롭스 삼형제와 헤카톤게이레스 삼형제를 풀어준 것이고요. 하지만 얼마 지나지 않아 크로노스는 우라노스와 비슷한 모습을 보여주고 맙니다. 마치 기성세대와 비슷한 모습을 보이는 젊은 꼰대처럼 말이죠.

기존의 신들은 우라노스보다 크로노스가 더 심하다고 생각할 것 같아요.

맞습니다. 크로노스는 점점 악독한 왕이 되어갔습니다. 자신의 권력에 위협이 되는 형제들을 감금하고, 친자식들을 삼켜버렸죠. 우라노스보다 더 끔찍한 왕이 된 것입니다. 크로노스를 보면 딱 떠오르는 말이 있습니다. 예전에 유행했던 유명한 밈Meme인데요. "인간의 욕심은 끝이 없고, 같은 실수를 반복한다." 젊은 사람이 꼰대가 되면 기성세대보다 더 심한 행동을 하는 모습이 자연히 연상되지 않나요?

꼰대 선배를 보며 '나는 절대 저렇게 되지 말아야지'라고 생각하지만 결국 똑같이 행동하게 되는 경우도 많아요. 젊은 꼰대가 되지 않으려면 어떻게 해야 할까요?

2019년 9월 영국의 국영방송 BBC에서 오늘의 단어로 꼰대Kkondae가 소개되었습니다. BBC는 꼰대에 대해 '자신은 늘 맞고, 다른 사람은 늘 틀렸다고 하는 나이가 많은 사람' 정도로 정의했습니다. 그런데 아무래도 꼰대는 나이와 상관없는 것 같죠? 다양성을 받아들이지 못하고, 공감 능력이 부족하다면 누구나 꼰대가 될 수 있습니다. 꼰대가 되지 않으려면 내가 바꿀 수 있는 사람은 없다는 사실을 깨달아야 합니다. 남을 바꾸려는 욕심, 남을 내가 원하는 방향으로 이끌려는 욕심을 버려야 합니다.

그럼 직장에서 후배들이 잘못된 말이나 행동을 저질러도 그냥 신경을 쓰지 않으면 되나요? 마음 편하게 상대방과 관심을 끊고 지내면 적어도 꼰대가 되지는 않을 것 같긴 하네요.

나 혼자만 사는 세상이 아니니까, 모든 일에 무관심하게 지내기는 어렵겠죠. 다만 관심과 간섭을 구분할 필요가 있습니다. 관심의 목적은 상대방의 마음과 행동을 이해하는 데 있지만, 간섭은 다릅니다. 상대방을 존중하지 않으며 생각과 행동을 바꾸고자 하는 데 목적이 있죠. 상대방이 요청하지 않았는데도 먼저 다가가서 그들의 행동을 바꾸려 든다면, 간섭일 가능성이 큽니다.

그 말을 들으니, 제가 그동안 후배들에게 보인 관심이 간섭이었을 수 있다는 생각이 드네요. 그런데 상대방이 다가오지 않았지만, 그럼에도 꼭 조언을 해야 할 상황도 있잖아요. 이때는 어떻게 하면 좋을까요?

시간이 짧으면 관심이고, 길면 간섭이라는 말이 있죠. 요즘 같은 시대에 "차라도 한 잔 마시면서 이야기를 해보자~"라고 말하면 상대는 귀를 닫을 가능성이 높습니다. 물론 라포Rapport가 충분히 형성된 관계라면 상관없습니다. 그러나 그런 관계가 아니라면 조언은 필요할 때마다 짧게, 그리고 즉시 말해주는 것이 좋습니다. 특히 젊은 사람들은 비효율적인 일에 시간과 노력을 투자하기 싫어하는 성향이 강합니다. 오랫동안 고민하다가, 최대한 참다가 이야기하면 오히려 말이 많아지게 되잖아요? 그런 말을 듣는 상대방은 오히려 부정적인 마음만 커질 뿐입니다.

정말 그러네요. 저도 누가 장황하게 설명하면 아무리 좋은 말이라도 들리지 않더라고요.

요즘 기업에서 '3요 주의보'라는 말이 있습니다. 윗사람이 무엇인가 지시를 내릴 때 MZ세대의 경우 '이걸요?', '제가요?', '왜요?'라고 답해서 생긴 용어입니다. 그들은 왜 이런 대답을 할까요? 일하기 싫거나 책임감이 부족해서 일까요? 저는 그들이 솔직하기 때문이라고 생각합니다. 생각해보면 당연한 대답입니다. 업무를 할 때 업무의 내용과 목적이 무엇이며, 내가 이 업무를 왜 해야 하는지 설명해야 되지 않을까요? 그러므로 후배 직장인이 이렇게 말한다면 '어떻게 저런 말을 할 수 있지?'라고 생각하기보다 '뭐라고 답해야 할까?'로 생각을 바꿔야 합니다.

그렇네요. '나때는 그러지 않았는데'라며 푸념하면 정말 꼰대처럼 보이겠어요.

논어에 '군자는 화이부동和而不同하고 소인은 동이불화同而不和한다'는 말이 있습니다. 군자는 화합하되 남들에게 자신과 같기를 요구하지 않으며, 소인은 같아지려고 하지만 서로 화합하지 못한다는 의미입니다. '나는 이렇게 하는데, 저 사람은 왜 못하지?' 혹은 '나라면 저렇게 하지 않을 텐데, 저 사람은 왜 그럴까?'와 같은 생각을 해본 적이 있나요? 대부분의 갈등은 나와 같아지기 바라는 마음에서 시작합니다. 꼰대가 되지 않으려면 사람은 서로 다르다는 차이를 인정해야 합니다.

'사람은 저마다 다르다' 얼핏 듣기에는 쉽지만 참 어려운 마음가짐이네요.

그렇죠. 만약 상대와 라포가 충분히 형성되었다면 조금 더 구체적으로 조언해주어도 좋습니다. 이런 경우라면 저는 스피치 전문가 스쿤寺昆의 대화법 'BEST Happy-긍정적인 충고'[*]를 소개하고 싶습니다.

✴ BEST Happy - 긍정적인 충고

B(Begin with Encouragement)
- 격려로 시작하기

E(Examples)
- 상대가 개선할 수 있는 것을 예로 들기

S(Solutions)
- 구체적인 해결방안 제시하기

T(Tips sharing)
- 독창적인 조언을 해주기

H(Happy ending)
- 마지막엔 상대에게 용기를 북돋아 줌으로써 상대를 행복하게 만들기

---

* 스쿤(2021). 당신만 모르는 인생을 바꾸는 대화법. 미디어숲.

누군가 고민을 털어놓는다면, 즉각적인 해답이나 상대의 잘못된 점을 지적하기보다 먼저 그의 긍정적인 모습을 언급하며 대화를 시작합니다. 그리고 조언할 때는 상대방이 공감할 수 있는 예를 들어 구체적으로 제시합니다. 한 가지 해결방안보다 두 가지 이상의 방안을 제시하는 것이 좋습니다. 상대방에게 선택권을 주고, 강요가 아니라 본인이 선택해서 해결한다는 느낌을 받도록 만드는 것이죠.

크게 어렵지도 않고 좋은 방법인 것 같은데요?

나이와 상관없이 누구나 꼰대가 될 수 있다고 말씀드렸는데요. 반대로 누구나 노력하면 나이와 상관없이 꼰대가 되지 않을 수도 있는 겁니다. 기성세대에 도전하여 왕위를 차지한 크로노스가 시간이 흘러 악독한 모습으로 변했던 것을 기억하시죠? 그런데 크로노스가 특별하게 이상한 성격이라 그런 걸까요? 그렇지 않습니다. 시간이 흐르고 자리가 바뀌면 누구나 다 변할 수 있습니다.

저 역시 파릇했던 20대가 엊그제 같은데, 어느덧 40대를 바라보고 있습니다. 직장에서 선배보다 후배의 수가 더 많은 나이입니다. 이런 나이가 되면 한번쯤 생각하게 됩니다. '혹시 나도 꼰대가 된 건 아닐까?' 하고요. 꼰대 소리를 들어도 개의치 않고 마음대로 행동할 수 있다면 좋겠지만, 어차피 모든 사람이 그런 성격이 될 수 있는 건 아니잖아요? 불편한 사람이 되지 않으려고 신경을 쓰고 고민하는 분이 있다면 크로노스 이야기를 떠올려보세요. 그리고 주변 사람을 대하는 내 모습을 돌아보는 거죠. 나 자신을 돌아본다는 것만으로도 꼰대가 되지 않을 수 있습니다.

인간의 욕심은 끝이 없고, 같은 실수를 반복한다.

- 작자 미상

성장

두 번째 이야기

겸손하면 성공한다. 과연 맞을까요?

당신의 멘토는 누구인가요?

노력은 배신하지 않을까요?

도전과 안정, 무엇을 선택할 건가요?

당신의 열정은 남아있나요?

◆
겸손하면 성공한다.
과연 맞을까요?

아라크네 Arachne

베 짜는데 천재이자 예술가인 여인이다.
아테나 여신과의 베 짜기 승부에 승리했으나,
여신의 노여움을 사 거미가 되는 저주를 받았다.

실 잣는 여인들
디에고 벨라스케스 | 1657

위 그림은 초상화에 유능한 화가 디에고 벨라스케스Diego Velázquez 의 〈실 잣는 여인들〉입니다. 디에고 벨라스케스는 바로크 시대 펠리페 4세 궁정을 주도하던 화가였으며, 그의 작품은 인상주의와 사실주의 화가들의 본보기가 되었을 정도로 유명했습니다.

함께 자세히 살펴볼까요? 두 명의 여인이 함께 베를 짜고 있습니다. 왼쪽에서 베를 짜는 나이 든 여인은 인간으로 변장한 여신 아테나이고, 오른쪽에서 베를 짜는 젊은 여인은 직물의 명인 아라크네입니다. 두 여인은 서로 누가 더 베를 잘 짜는지 겨루는 중입니다. 아테나 여신은 어쩌다 인간을 상대로 베 짜기 경쟁을 하게 되었을까요?

　신과 인간의 경쟁은 굉장히 드문 일이잖아요. 아라크네가 아테나를 도발한 건 아닐까요?

　단번에 맞췄네요. 경쟁은 아라크네의 도발로 시작되었습니다. 아라크네가 어떻게 아테나를 도발했는지 그 이야기를 시작하겠습니다. 그리스 아테네에서 델포이로 가는 도중에는 산악지대가 펼쳐지는데, 그곳에 아름다운 마을이 하나 있습니다. 우리에게는 드라마 〈태양의 후예〉에서 나오는 시계탑이 있는 장소로 잘 알려져 있기도 한데요. 바로 아라호바Arachova 마을입니다. 아라크네의 이야기는 이 마을에서 시작합니다.

　아라크네는 보잘것없는 가난한 집에서 태어났습니다. 하지만 어릴 적부터 베를 짜는 실력은 누구보다 뛰어났죠. 사람들은 아라크네의 베 짜는 실력에 감탄하여, 누구도 그녀를 이길 수 없다고 칭찬했습니다. 아라크네에 대한 소문은 널리 퍼져 하늘에 있는 아테나의 귀까지 들어가게 됩니다. 베 짜기에 자신있었던 아테나는 이 소문이 사실인지 궁금해졌습니다. 그래서 노파의 모습으로 변신해 아라크네를 찾아갔습니다.

　그러고 보니 아테나는 수공예의 신이기도 하죠? 아테나가 아라크네의 실력을 어떻게 평가했을지 정말 궁금해요.

겸손하면 성공한다. 과연 맞을까요?

아테나가 방문한 날도 아라크네의 실력을 구경하기 위해 몰려든 사람들이 아주 많았습니다. 그중 어떤 이가 아라크네를 보고 "아라크네의 솜씨는 정말 놀라워. 분명 아테나 여신에게 배운 것이 틀임없어!"라고 칭찬했습니다. 그러자 그의 말에 모두들 고개를 끄덕이며 동의했습니다.

사람들의 말을 들은 아테나의 표정은 어땠나요? 혹시 아라크네를 질투했나요?

그렇지 않았습니다. 아테나는 오히려 자신처럼 베 짜는 실력이 빼어난 아라크네를 보며 흐뭇한 표정을 지었죠. 그런데 아라크네는 정색하며 이렇게 말하는 것이었습니다. "아테나 여신이요? 천만에요. 베 짜는 실력은 순전히 저의 솜씨라고요." 아라크네는 심지어 자신의 솜씨가 아테나보다 더 훌륭하다고 말했습니다.

신과 견줄 실력이라고 하면 인간으로서 들을 수 있는 최고의 찬사 아닌가요? 아라크네는 그것도 인정할 수 없었나 보네요. 함께 있던 아테나의 기분이 좋지 않았겠어요.

주변의 사람들은 놀란 표정으로 아라크네를 바라보았습니다. 감히 신에게 도전하는 발언을 했기 때문입니다. 제아무리 뛰어난 실력이라도 해도 신에게 도전하면 벌을 받을 수 있으니까요. 노파로 변장한 아테나도 언짢은 기분이 들었습니다. 마음 같아서는 당장 원래 모습으로 나타나 아라크네를 혼내주고 싶었습니다. 하지만 아테나는 화를 참고 차분하게 말했습니다. "노인의 말이라고 무시하지 말고 들어보세요. 아가씨의 솜씨는 너무 훌륭해요. 하지만 신에게 도전하는 건 너무 심하지 않나요? 지금이라도 그 말을 취소하는 건 어때요?"

저라면 얼른 노파의 말을 따랐을 것 같아요. 실력이 정말 뛰어나다고 해도 나보다 훌륭한 사람은 꼭 있기 마련이잖아요. 그리고 굳이 신에게 도전할 필요까지 있을까요? 왠지 천벌을 받을까 두렵기도 한데요.

그렇지만 아라크네는 노파의 말을 끝내 무시했습니다. 그녀는 지금 바로 아테나 여신과 대결해도 이길 수 있다고 말했죠. 아라크네가 이렇게까지 말하자, 아테나는 더 이상 참을 수 없었습니다. 결국 노파의 모습을 벗어 던지고 밝게 빛나는 여신의 자태로 등장했습니다. 사람들은 모두 두려워하며 바닥에 엎드렸습니다. 아, 딱 한 사람만 빼놓고요.

그 한 사람은 역시 아라크네였나요?

맞아요. 아라크네는 당돌하게도 이렇게 말합니다. "아테나 여신님! 정말 만나고 싶었습니다. 전 당신과 베 짜는 솜씨를 겨뤄보고 싶어요." 처음에는 분노에 가득 찬 아테나 여신에게 화를 입을까 무서워

겸손하면 성공한다. 과연 맞을까요?

했던 사람들도 아라크네의 당당한 모습에 슬슬 눈치를 살피기 시작했습니다. 사실 그들도 내심 둘의 시합을 기대했기 때문입니다. 이제 아테나도 발을 빼기 조금 곤란하게 되었습니다. 그대로 물러선다면 신으로서 체면이 상하게 되니까요. 결국 많은 사람들이 지켜보는 앞에서 신과 인간의 베 짜기 시합이 벌어집니다. 〈실 잣는 여인들〉 그림의 장면처럼 말이죠.

신과 인간의 대결! 말만 들어도 너무 기대되네요.

아테나와 아라크네 모두 화려한 솜씨를 뽐내며 베를 짰습니다. 사람들은 두 여인이 베 짜는 모습을 보며 감탄을 금치 못했습니다. 특히 옷감에 수놓은 그림이 인상적이었는데요. 아테나는 자신이 포세이돈과 싸워 이기는 장면을 옷감 중앙에 수놓았고, 네 귀퉁이에는 신에게 도전하여 비참한 운명을 맞은 어리석은 인간의 모습을 수놓았습니다.

아라크네를 겨냥한 아테나의 경고인 셈이네요. 아라크네의 반응은 어땠나요? 여신의 경고를 알아차렸나요?

아라크네는 당연히 아테나가 수놓은 그림을 봤지만, 그녀에게는 시합이 더 중요했습니다. 그림의 의미는 그다지 신경 쓰지 않았죠. 아라크네는 오히려 자신에게 경고하는 그림을 수놓은 것이 마음에 들지 않았습니다. 그래서 아라크네는 자신의 옷감에 제우스나 포세이돈, 아폴론 등 여러 신들이 인간 여인들을 겁탈하는 장면을 수놓았습니다. 마치 아무리 신이라도 인간에게 함부로 대하면 안 된다는 무언의 반박과도 같았죠. 이를 본 아테나는 더욱 화가 났습니다. 감히 인간이 신에게 도전하는 것도 모자라, 신을 능멸한다고 생각했거든요. 그런데 더 화가 나는 점은 아라크네의 베 짜는 솜씨가 정말 자신보다 훌륭해 보인다는 점이었습니다.

정말 신보다 뛰어난 재주를 지녔던 거네요. 아라크네의 도발에 아테나 여신은 어떻게 행동했나요? 혹시 멋지게 승부를 인정했나요?

여기서 순순히 패배를 인정해버린다면 신의 권위가 무너지겠죠? 아테나는 더욱 기고만장해질 아라크네의 얼굴을 떠올렸습니다. 결국 여신은 화를 참지 못하고 아라크네가 짜고 있던 베를 찢어버렸습니다. 그리고는 들고 있던 북으로 아라크네의 머리를 때려 마법을 걸었고, 거미로 만들었습니다. 시합을 지켜보던 사람들은 겁을 내며 뿔뿔이 흩어졌고, 신에게 도전해선 안 된다는 것을 깨닫게 되었습니다. 결국 거미로 변한 아라크네는 평생 베를 짜며 살았고요.

이야기를 들으니 조금 씁쓸한 기분이 들어요. 상대방의 실력을 인정하지 못한 아테나 여신의 모습도 아쉽지만, 겸손하지 못하고 자만했던 아라크네의 모습도 안타깝네요.

겸손하면 성공한다. 과연 맞을까요?

성공하려면
겸손해야 합니다

"겸손~ 겸손은 힘들어. 겸손~ 겸손은 힘들어!" 겸손이 자주 반복되는 이 노래의 제목은 〈겸손은 힘들어〉입니다. 겸손하기에는 너무 잘난 나의 모습, 그래도 겸손하게 살라는 할아버지와 할머니의 조언이 등장하는 가사인데요. 결국 말하고자 하는 것은 자신이 너무 잘나서 겸손하기 힘들다는 내용입니다. 저는 이 노래를 들을 때마다 성공했다가 실패한 사람들을 떠올립니다. 그리고 겸손까지 해냈다면 얼마나 더 좋았을까, 안타까운 마음이 들기도 합니다. 성공할수록 겸손하기란 어려운 일입니다.

자기 PR을 중요시하는 시대에 겸손은 너무 고리타분한 말 아닐까요? 예전에는 겸손을 미덕으로 여겼다지만, 요즘에는 자신의 성공을 뽐내기 위해 자랑하는 것을 당연하게 여기잖아요.

물론 겸손에 대한 인식은 예전과 비교해 분명히 달라졌습니다. 주변에 겸손에 대해 물어보면 소심하고 자신감 없는 태도로 떠올리는 경우도 많고요. 예를 들면 "자신이 없어요.", "제가 할 수 있을까요?" 이런 식으로 말이죠. 그래서 겸손을 부정적으로 생각하기도 합니다. 겸손하면 무시당하고 실패할 수 있다고 여기는 것입니다.

스마트폰과 1인 미디어의 발달도 이런 인식에 확실히 영향을 미쳤을 것 같은데요. 주변 사람을 대할 때 겸손보다 자랑이 더 좋은 전략으로 보일 때가 있거든요. 겸손함만 보이다가 자신이 잘할 수 있는 것을 어필하지 못해 기회를 놓치기도 하고요.

그렇죠. 하지만 겸손의 뜻을 제대로 알면 생각이 바뀌실 겁니다. 사람들은 겸손을 '남을 존중하고 자신을 낮추는 태도'로 알고 있는데요. 여기서 자신을 낮추는 마음이나 태도는 겸손이 아니라 '겸허'입니다. 겸손의 사전적 의미는 '남을 존중하고 자신을 내세우지 않는 태도'입니다. 가장 중요한 부분은 '존중'입니다. 겸손은 나의 높고 낮음을 이르는 것이 아니라, 내가 상대를 존중하는 성숙함을 갖는지에 달렸습니다. 겸손의 반대말을 생각해보면 이해가 더 쉬울 텐데요. 겸손과 관련해 다음과 같은 말이 있습니다.

> 겸손의 반대말은 교만이 아니라 무지다.
> 많이 아는 사람은 겸손할 수밖에 없다.
> - 이동규 〈두 줄 칼럼〉[*] 中 -

저는 그동안 겸손의 반대말로 교만함, 우쭐함, 잘난 척을 떠올렸거든요. 그런데 이 말을 들으니 생각이 조금 달라지네요.

---

[*] 이동규(2022). 이동규 교수의 두줄칼럼. 한국표준협회미디어.

그렇죠? 게다가 겸손의 미덕은 예전부터 동서양을 막론하고 강조되어 왔어요. 성경의 누가복음 14장 11절을 보면 이런 말이 나옵니다. "무릇 자기를 높이는 자는 낮아지고, 자기를 낮추는 자는 높아지리라." 그리고 논어 제15편 위령공 제17장에도 이런 언급이 있어요. "군자는 의로움을 바탕으로 삼고, 예로써 행하고, 겸손으로 표현하며 신의로써 완성한다." 지금 우리가 이야기 나누고 있는 그리스 로마 신화에서도 인간의 오만을 다루며 겸손의 중요성을 강조하는 일화가 꽤 많이 등장합니다.

어떤 이야기가 있나요?

대표적으로 페가수스를 타고 하늘로 올라가 자신이 신이라도 된 듯 만용을 부린 벨레로폰Bellerophon이 있습니다. 그는 결국 제우스의 벼락을 맞고 추락해 평생 불구로 살았죠. 그리고 7남 7녀를 낳은 니오베Niobe라는 여인의 이야기도 있습니다. 니오베는 무려 14명의 자식을 낳은 자신의 능력을 자랑하며, 아폴론과 아르테미스 두 남매만 낳은 여신 레토Leto를 무시했습니다. 신을 무시한 니오베의 운명은 과연 어떻게 되었을까요? 그녀는 레토의 미움을 받아 돌로 변하고 맙니다. 거미가 된 아라크네도 마찬가지입니다. 모두 인간의 오만을 경계하라는 내용을 담고 있죠.

고대 그리스인들도 겸손을 중요하게 생각했던 걸까요?

맞습니다. 그래서 신탁으로 유명한 델포이의 아폴론 신전에는 '너 자신을 알라!', '지나쳐서는 안 된다!', '너의 영혼을 다스려라!'와 같은 글귀가 새겨져 있을 정도입니다. 고대 그리스의 대표적인 철학가 소크라테스도 '너 자신의 무지를 알라'는 말을 남겼죠. 그의 말처럼 겸손의 첫걸음은 내가 무엇을 모르는지 아는 것부터 출발합니다. 평소 사람들은 세 가지 착각을 하면서 산다고 하는데요. 내가 남보다 잘생겼다는 착각, 내가 남보다 똑똑하다는 착각, 내가 항상 옳다고 여기는 착각입니다. 겸손이 힘든 이유는 바로 이 세 가지 착각에서 벗어나지 못했기 때문입니다. 30여 년간 행동건강학을 연구한 심리학자 딕 티비츠Dick Tibbits는 겸손에 대해 다음과 같이 말합니다.

✦ 겸손이란?

- 내가 생각하는 것이 반드시 옳은 것이 아니다.
- 내가 가진 기준이 모든 이에게 적용되는 것이 아니다.
- 내가 알고 있는 지식은 모든 지식의 극히 일부분이다.
- 내가 상처 입은 상황이 모두 상대방의 잘못은 아닐 수도 있다.

자신의 생각과 마음 속 잣대를 조금만 달리하면 겸손은 어렵지 않

겸손하면 성공한다. 과연 맞을까요?

습니다. 남을 탓하기 전에 나를 돌아볼 수 있다면, 그리하여 내가 지닌 생각을 바꿀 용기가 있다면 말이죠.

겸손을 실천하기 위해 아라크네의 이야기를 마음에 잘 새겨야겠어요. 아무리 실력이 좋아도 아라크네처럼 결말이 좋지 않으면 아무 소용없으니까요.

겸손은 억지로 만들어 보여줄 수 있는 것이 아닙니다. 마치 향기처럼 은은하게 풍겨야 하죠. 겸손의 향기를 풍기려면 어떻게 해야 할까요? 먼저 겸손을 강조하는 책을 많이 읽는 것이 좋겠죠. 책을 읽으면 겸손이 내면에 자연스럽게 스며들게 될 것입니다.

다음으로 말을 줄이는 것도 겸손을 실천하는 좋은 방법입니다. 말이 많아지면 자신의 이야기를 많이 하게 되고, 결국 잘난 척하고 싶은 욕망을 참기 어려워지거든요. 상대방이 말하는 시간보다 내가 말하는 시간이 더 많으면 안 됩니다. 상대방에게 말을 많이 시키고 나의 말은 줄여보세요.

마지막으로 겸손은 나를 낮추는 것이 아니란 사실을 기억해야 합니다. "코끼리를 생각하지 마!"라고 말하면 사람들은 오히려 코끼리를 떠올리게 된다고 하죠. 나의 단점을 말하면서 겸손한 척하면 상대방은 내가 말한 그 단점만 떠올리게 된다고 합니다. 겸손을 실천할 때 나의 단점을 말하기보다 나의 감정이나 상대방의 장점을 말해보세요. 예를 들어 누군가 "당신은 정말 겸손한 사람이네요."라고 여러분을 칭찬한다면 뭐라고 대답하실 건가요? "아뇨, 저는 겸손하지 않아요."라는 말보단 이렇게 말해보는 거죠. "감사합니다. 선생님의 칭찬을 들으니 기분이 좋아지네요." 어떤가요?

나의 장점을 인정하면서 거만해 보이지 않네요. 좋은 방법인 것 같아요. 이번 기회에 저도 연습해 보겠습니다.

고대 그리스를 지배하는 사상으로 '휴브리스Hubris'가 있습니다. 우리가 사는 현실세계에는 인간의 행동을 규제하는 한계가 존재합니다. 인간은 때때로 이러한 한계를 무시하고 자만하거나 교만한 태도를 보일 때가 있는데, 이를 휴브리스라고 합니다. 신화 속에서 정해진 선을 넘어간 인간은 언제나 불행한 결말을 맞이하곤 합니다. 휴브리스가 실현된 것인데, 휴브리스는 실제 우리의 삶에도 적용됩니다. 성공해 취해 오만함을 보였다가 실패하거나 파멸하는 휴브리스 사례는 예로부터 지금까지 흔하게 볼 수 있죠.

물론 겸손이 성공을 보장하는 건 아닙니다. 하지만 성공하려면 겸손은 필수입니다. 만일 아라크네가 조금만 겸손했더라면 크게 성공하지 않았을까요?

인생은 겸손에 대한 오랜 수업이다.

– 제임스 M. 배리

당신의 멘토는
누구인가요?

텔레마코스 Telemachus

오디세우스와 페넬로페의 아들이며,
호메로스 <오디세이아>의 주요 인물로 등장한다.
텔레마코스 이름의 의미는
'멀리 떨어진 싸움꾼'이라는 뜻인데,
그는 실제로 트로이 전쟁 당시 너무 어려 참여하지 못했다.

텔레마코스와 멘토르
파블로 E. 파비쉬 | 1699

　지금 보이는 그림은 프랑스 성직자 프랑소아 페넬롱François Fénelon 이 쓴 교재 〈텔레마크의 모험〉 속 장면을 그린 작품입니다. 프랑소아 페넬롱은 왕의 손자를 가르치는 교사였으며, 왕손을 가르치기 위해 그리스 로마 신화 이야기를 교재로 만들었다고 하죠.

성직자라면 당연히 성경만 가르칠 줄 알았는데, 의외인 걸요?

프랑소아 페넬롱이 워낙 호메로스의 〈오디세이아〉에 심취해 있었다고 합니다. 그는 그리스 로마 신화 속 텔레마코스의 이야기를 통해 왕손에게 도덕적, 정치적 교육을 주고자 했습니다. 그렇다면 그림 속 두 사람은 어떤 관계이며, 이들에게는 또 어떤 이야기가 얽혀 있을까요?

오른쪽에 있는 남자가 젊은이에게 무엇인가 알려주는 모습처럼 보이는데요. 선생님과 제자인가요? 아니면 아버지와 아들? 잘 모르겠어요. 두 사람은 대체 누구인가요?

왼쪽의 젊은 남성이 바로 트로이 전쟁의 영웅 오디세우스의 아들, 텔레마코스입니다. 그리고 오른쪽에 서있는 사람은 오디세우스의 친구인 멘토르Mentor고요. 오디세우스를 빼놓고 두 사람의 관계를 설명하는 건 불가능합니다. 모든 것은 이타카의 국왕이자 고대 최고의 대서사시 〈오디세이아〉의 주인공, 오디세우스로부터 시작되니까요.

오디세우스는 그리스 연합군에게서 트로이 전쟁에 참여하라는 요청을 받았습니다. 하지만 갓 태어난 어린 아들이 있었던 오디세우스는 가족을 뒤로하고 전쟁에 참여하기 싫었습니다. 그래서 상황을 모면

하고자 한 가지 묘한 꾀를 내는데요.

어떤 꾀였나요?

오디세우스는 당나귀가 끄는 쟁기로 밭을 갈고, 씨앗 대신 소금을 뿌리는 미친 연기를 했습니다. 자신은 미쳤으니 전쟁에 부르지 말라는 신호였죠. 이러한 소문을 들은 그리스 연합군은 오디세우스의 행동이 너무나 의심스러웠습니다. 그래서 오디세우스가 정말로 미쳤는지 확인하려고 전령을 보냈습니다.

그리스 연합군이 오디세우스가 필요했나 보네요. 그런데 오디세우스가 미쳤는지 아닌지 어떻게 확인했나요?

당시 트로이는 그리스 전체 도시국가의 국력과 맞먹을 정도로 강력한 왕국이었습니다. 전쟁에서 승리하려면 오디세우스의 지혜가 꼭 필요했죠. 지략가인 오디세우스를 상대하기 위해 그리스 연합군은 꾀가 많은 전령을 보냈습니다. 전령은 밭을 갈고 있는 오디세우스의 앞에다 당시 갓난아기였던 텔레마코스를 내려놓았습니다. 오디세우스가 눈치채지 못하게 말이죠. 왜 그렇게 했을까요? 전령은 만약 오디세우스가 미친 것이 사실이라면 쟁기로 아이를 다치게 할 것이고, 미치지 않았다면 아이를 구할 것이라 판단했습니다.

아무리 전쟁에 참여하기 싫더라도 자신의 아이를 다치게 할 수는 없잖아요. 부모의 마음을 이용하다니, 전령도 정말 영악한 사람이었네요.

오디세우스는 밭을 가는 도중 갑자기 아이가 나타나자 본능적으로 쟁기를 멈췄습니다. 미친 척했던 오디세우스의 연기는 들통났고, 결국 전쟁에 참여해야만 했습니다. 전쟁에 참여한다는 것은 앞으로 자신의 신상에 어떤 일이 일어날지 아무것도 장담할 수 없다는 뜻이기도 하죠. 게다가 갓 태어난 아기도 너무 걱정이 되었습니다. 트로이로 떠나기 전, 오디세우스는 친구 멘토르에게 아들을 부탁합니다. 오디세우스가 떠난 뒤 멘토르는 친구이자, 교사이자, 아버지가 되어 텔레마코스를 돌봅니다. 인생의 조언자를 의미하는 멘토Mento라는 말은 바로 여기에서 유래한 것입니다.

일상에서 자주 쓰는 단어였는데, 그리스 로마 신화와 연관이 있는 줄은 몰랐네요. 그나저나 그림 속 멘토르와 텔레마코스는 무슨 이야기를 나누는 건가요?

두 사람은 텔레마코스가 겪고 있는 위기와 이를 극복하는 방법에 대해 이야기하고 있습니다. 트로이로 떠날 때만 해도 금방 다시 돌아올 줄 알았던 오디세우스는, 그 뒤로 아주 오랫동안 고향에 돌아오지 못했거든요. 갓난아기였던 텔레마코스가 어엿한 성인이 될 때까지 말이죠. 10년간 이어진 트로이 전쟁이 끝나고 그리스 연합군의 다른 영웅들은 고향에 하나 둘 도착했는데, 오디세우스는 죽었는지 살았는지 소식조차 들을 수 없었습니다. 사실 오디세우스는 이타카로 돌아오는 길에 포세이돈의 저주를 받아 바다를 떠돌고 있었는데요. 텔레마코스로서는 이러한 사실을 알 길이 없었죠.

정말 답답하고 막막했을 것 같네요. 그런데 텔레마코스는 왕자 신분 아닌가요? 크게 위기를 겪을 일이 뭐가 있을까 싶은데요. 무슨 문제라도 생겼나요?

아무리 왕자라도 왕이 부재한다면 불안한 위치일 수밖에 없습니다. 옛날에는 왕위를 노리는 귀족이 많았으니까요. 실제로 오디세우스의 행방에 대해 아무런 소식도 들려오지 않자, 주변 귀족들이 왕위를 노리기 시작했습니다. 왕위를 차지하는 가장 쉬운 방법은 남편을 잃은 왕비와 결혼하는 것이었죠. 그래서 귀족들은 오디세우스의 아내 페넬로페를 차지하기 위해 앞다투어 청혼했습니다. 페넬로페와 결혼하면 아름다운 부인을 얻을 수 있고, 왕좌에 앉을 수 있으며, 오디세우스의 재산까지 차지할 수 있기 때문입니다.

정말이지 놓칠 수 없는 기회군요. 경쟁이 엄청 치열했을 것 같아요.

시간이 흐르며 페넬로페에게 구혼하는 귀족들은 점점 늘어났습니다. 기록에 따르면 무려 100명이 넘었다고 합니다. 처음에 귀족들은 정중한 태도를 유지했습니다. 하지만 경쟁자가 많아지자 점차 폭력적으로 변해갔죠. 페넬로페는 모든 청혼을 거절하는데요. 마침내 귀족들은 그녀의 집에 눌러앉아 협박과 폭력을 일삼으며 지냈습니다. 심지어는 텔레마코스의 목숨까지 위협했습니다.

그런 상황이라면 진지한 표정을 짓고 있는 텔레마코스의 심정이 십분 이해가 되네요. 멘토르는 그에게 어떤 조언을 했나요?

겁을 먹고 두려워하던 텔레마코스 앞에 멘토르가 나타났습니다. 그런데 이때 나타난 사람은 사실 멘토르로 변장한 아테나 여신이었어요. 아테나는 두려움에 떨고 있는 텔레마코스를 달래며 곧 아버지 오디세우스가 돌아오니 용기를 잃지 말라고 당부했습니다. 그리고 이렇게 말하죠. "너는 이제 성인이므로 무기력하게 아버지를 기다리지 말고 책임감을 가져라." 아테나는 또한 구혼자들을 피하지 말고 그들 앞에서 당당하게 행동하라고 말했습니다. 이에 용기를 얻은 텔레마코스는 우선 슬픔에 빠진 어머니 페넬로페를 위로하며 집안의 일이니 본인이 해결하겠다고 나섭니다. 그리고 구혼자들에게 나아가 자신과 어머니에 대한 횡포를 멈추라고 경고했죠.

참 듬직한 아들이네요. 텔레마코스의 말을 들은 구혼자들은 어떻게 했나요? 페넬로페와의 결혼을 포기했나요?

그렇지 않습니다. 거의 로또나 다름없는 상황인데 누군인들 순순히 물러나겠습니까? 텔레마코스의 변화을 보고 처음에는 구혼자들도 약간 당황했습니다. 하지만 이내 안티노오스Antinous라는 귀족 하나가 이렇게 반박하죠. "지금 이렇게 시끄러운 것은 왕비 페넬로페 때문입니다. 페넬로페가 결혼해서 새로운 왕이 생겨야만 지금의 혼란이 끝날 것입니다." 그의 말에 다른 귀족들도 다시 원래의 뻔뻔한 모습으로 돌아왔습니다. 그들은 페넬로페가 구혼자 중 한 사람과 빨리 결혼해야 한다고 고집을 피웠죠.

정말 막무가내군요. 아무리 왕자라도 100명이 넘는 귀족들과 혼자 싸울 수는 없겠죠.

텔레마코스는 일단 이 상황을 벗어날 시간이 필요했습니다. 그래서 구혼자들에게 이렇게 말합니다. "만약 아버지 오디세우스의 죽음이 확인되면 성대한 장례식을 치를 것입니다. 그 다음에 어머니 페넬로페의 재혼을 준비하겠습니다." 텔레마코스는 이후 아테나의 도움으로 아버지를 찾기 위한 여정을 떠났습니다. 쉽지 않은 길이었으나, 멘토르의 모습을 한 아테나의 도움으로 끝까지 용기를 잃지 않았습니다.

오디세우스와 텔레마코스의 재회
앙리 루시앙 뒤세 | 1880

결국 텔레마코스는 오디세우스를 만나게 됩니다. 그리고 아버지와 함께 구혼자들을 물리치고 이타카의 평화를 되찾았습니다.

당신의 멘토는 누구인가요?

성장하려면 멘토가 필요합니다

여러분의 인생 영화는 무엇인가요? 저는 〈굿 윌 헌팅〉이라는 영화를 가장 감명 깊게 봤습니다. 〈굿 윌 헌팅〉은 타고난 두뇌를 지닌 천재이지만, 입양과 파양, 가정폭력으로 마음 속에 깊은 상처와 결핍을 가진 주인공 윌의 치유에 관한 내용입니다. 〈굿 윌 헌팅〉은 멘토의 중요성이 잘 드러나는 영화인데요. 잠시 영화를 소개해보겠습니다.

✱ <굿 윌 헌팅> 줄거리

뛰어난 천재였던 윌. 그는 어린 시절 반복적인 파양과 가정폭력을 겪으며, 누구에게도 쉽게 마음을 열지 않는다. 윌은 거칠고 폭력적인 모습을 보이며 자신의 재능을 낭비하며 산다. 그러나 심리학 교수인 숀을 만나며 윌은 달라지게 된다. 숀은 윌이 마음을 열 수 있도록 기다려주었고, 자신의 일상을 이야기하며 윌과 소통한다. 시간이 흐르면서 윌은 점점 숀에게 마음을 열었다. 그리고 어린 시절 양아버지로부터 겪었던 가정폭력을 털어놓는다. 그때 숀은 조심스럽게 윌에게 다가가 이렇게 말한다.

"It's not your fault.(네 잘못이 아니야.)"

숀은 몇 번이고 반복해 네 잘못이 아니라고 말해준다. 그것은 숀의 진심 어린 위로였다. 윌은 숀을 끌어안고 그동안 참아왔던 눈물을 쏟아낸다. 그리고 지난날 자신의 행동을 반성하며 새로운 삶을 시작한다.

주인공 윌에게 숀은 진정한 멘토였네요.

맞습니다. 혹시 '공수래공수거空手來空手去'라는 말을 들어본 적 있나요? 빈손으로 왔다가 빈손으로 가는 세상, 그런 세상에서 인생은 혼자라고 생각할 수도 있겠죠. 하지만 현실을 살아가는 우리는 결코 혼자 지낼 수 없습니다. 1시간의 짧은 회의, 1년 동안 가르침을 주었던 선생님, 몇 년간 만나온 친구, 그리고 매일 보는 가족까지. 우리는 누군가와 끊임없이 상호작용합니다. 그러한 만남 속에서 우리는 멘토를 만나기도, 누군가의 멘토가 되기도 하죠.

살아가며 멘토가 꼭 필요하다는 뜻인가요?

예전에 저는 멘토를 찾는 것만큼 쓸데없는 일은 없다고 생각한 적이 있습니다. 남에게 의지하지 않고 스스로 노력해서 성장하는 것이 가장 중요하다고 여겼죠. 하지만 숱한 실패를 겪고 방황하던 시기, 멘토를 한 명 만나게 되었는데요. 그 뒤로는 완전히 생각이 바뀌었습니다. '사람이 성장하려면 스스로의 노력뿐만 아니라 멘토라는 존재도 필요한 거구나'하고요. 저는 좋은 멘토를 만나 방황을 멈추고 실패의 아픔을 극복할 수 있었습니다.

멘토로부터 어떤 도움을 받을 수 있을까요?

우선 멘토를 통해 적절한 조언을 받을 수 있습니다. 삶에서 직면하는 문제는 시험지에 적힌 문제와 다르죠. 시험 문제는 정답과 오답으로 깔끔하게 떨어지지만, 우리 삶은 상황에 따라 판단해야 하는 순간이 많습니다. 정답이 없거나, 혹은 다양한 정답이 존재하기도 하죠. 이때 멘토의 존재는 중요합니다. 멘토에게 도움을 구하면 적어도 옳지 않은 결정을 내릴 확률이 줄어듭니다.

다음으로 멘토를 만나면 앎과 실천 사이에 존재하는 차이를 좁힐 수 있습니다. 많이 안다고 실천을 잘하는 건 아니잖아요. 아는 것을 실천하려면 왜 이렇게 해야 하는지, 어떻게 실천하면 좋을지에 대한 조언이 필요합니다. 그리고 실천에는 용기도 필요합니다. 멘토는 이런 질문에 대한 구체적인 해결책과 용기를 얻을 수 있습니다. 텔레마코스가 그랬던 것처럼 말이죠.

멘토의 부정적인 면은 없나요? 혹여나 나쁜 멘토를 만나면 피해를 볼 수 있잖아요.

범죄자나 사기꾼이 아닌 이상, 세상에 나쁜 멘토라는 건 없다고 생각합니다. 심지어 범죄자나 사기꾼도 '저렇게 행동하지 말아야지.'라는 교훈을 주기도 하고요. 저는 어떤 사람이든 나에게 교훈을 주는 모습을 가지고 있다고 봅니다. 만약 멘토를 만나서 피해를 입었다면 멘토 자체에 내재한 문제이기보다는, 신뢰할 수 있는 멘토를 만나지 못했을 가능성이 큽니다. 아니면 나의 방식과 멘토의 방식이 맞지 않았을 수도 있고요. 그래서 저는 멘토를 선택할 때 다음의 원칙을 고수합니다.

---☾---

> 첫째, 나에게 진심으로 시간을 투자할 수 있는 멘토를 만난다.
> 둘째, 답을 주는 멘토보다 질문하는 멘토를 만난다.
> 셋째, 멘토를 유명세로 고르지 않고, 나에게 공감하는 멘토를 만난다.

영화 〈굿 윌 헌팅〉에서 윌의 멘토인 숀을 보면 좋은 멘토가 어떤 멘토인지 단번에 알 수 있습니다. 숀은 윌에게 진심을 다하며 기꺼이 시간을 투자하고, 질문을 던지며 함께 이야기를 나누죠. 대화를 나누기 어려울 정도로 바쁜 멘토, 정답을 제시하며 즉각적인 방법을 강요하는 멘토, 다른 사람의 어려움에 공감하지 못하는 멘토라면 아무리 뛰어난 사람이라도 나에게 도움이 되지 않습니다.

여태까지 살아오며 어떤 멘토를 만나셨는지 궁금해지는데요? 자세히 말씀해주세요.

저는 운이 참 좋았어요. 그래서 훌륭한 멘토를 많이 만났죠. 저의 어린 시절을 기억하고 계신 은사님, 직장 생활에서 올바른 방향을 안내하는 선배, 함께 성장하며 고민을 들어주는 친구, 표정만 봐도 제 마음을 알아주는 아내와 부모님 모두 저의 멘토입니다. 그들은 언제나 부족한 저를 격려하고, 삶의 여정을 함께하는 훌륭한 멘토예요.

멋지네요. 그런데 지금 당장 멘토가 필요한 데 없다면 어떻게 해야 하나요? 저도 주변에서 쉽게 멘토를 만날 수 있을까요?

멘토를 만나는 가장 쉬운 방법으로 책을 추천합니다. 책에 단돈 1~2만 원만 투자하면 시공간의 제약 없이 좋은 멘토를 만날 수 있어요. 지구 반대편에 사는 사람, 먼 과거에 살았던 사람, 심지어는 허구의 인물까지 멘토로 만날 수 있습니다.

역시… 독서가 중요하군요. 지금 당장 저의 멘토를 주문해야겠어요.

좋은 생각입니다. 누군가 멘토를 하나의 단어로 정리해보라고 하면, 저는 자전거 보조 바퀴라고 답할 것 같은데요. 신영준 박사의 〈졸업선물〉*이라는 책에 나온 구절인데 공감이 가더라고요. 보조 바퀴는 자전거의 주요 동력원이 아닙니다. 더 빠르게 달리려면 언젠가 떼어내야만 하죠. 하지만 혼자 자전거를 타기 전까지 보조 바퀴는 꼭 필요한 존재입니다. 올해 6살인 제 딸이 얼마 전 드디어 네발자전거의 보조 바퀴를 떼어냈는데요. 두발자전거를 타기 전까지 보조 바퀴

---

* 신영준(2016). 졸업선물. 로크미디어.

는 딸의 멘토 역할을 했습니다. 자전거가 어느 쪽으로 기울었는지, 속도는 충분한지, 가는 방향은 안정적인지 알려주는 보조 바퀴는 딸의 안전을 책임지고 도전을 격려하는 멘토였다고 생각합니다.

  여러분, 혹시 지금보다 더 나은 삶을 살고 싶나요? 한 단계 더 성장하고 싶나요? 그렇다면 텔레마코스 옆에 있던 멘토르처럼 훌륭한 멘토를 찾아보길 바랍니다.

나는 나의 스승들에게서 많은 것을 배웠다.
그리고 내가 벗 삼은 친구들에게서 더 많은 것을 배웠다.
그러나 내 제자들에게선 훨씬 더 많은 것을 배웠다.

- 탈무드

노력은
배신하지 않을까요?

헤파이스토스 Hephaestus

그리스 로마 신화 올림포스 12신으로,
대장장이와 불꽃, 화산을 상징하는 남신이다.
로마에서는 불칸, 혹은 불카누스라고 부른다.

제우스의 번개를 만드는 헤파이스토스
페테르 파울 루벤스 | 1636

바로크 미술은 17세기 시작되어 18세기 초까지 지속된 양식입니다. 이 그림은 바로크 스타일을 대표하는 벨기에 화가 피테르 파울 루벤스Peter Paul Rubens의 〈제우스의 번개를 만드는 헤파이스토스〉인데요. 사실주의와 풍부하고 강력한 색채, 대조되는 빛과 그림자가 돋보입니다.

인물이 마치 살아 움직이는 것 같아요. 그림 속 남자는 누구인가요?

작품의 주인공은 바로 헤파이스토스입니다. 그는 제우스와 헤라 사이에서 태어났죠. 불을 달구고 두드려 신들에게 위대한 물건을 제공했습니다. 제우스가 지내는 올림포스 궁전, 태양의 신 헬리오스가 끄는 마차 등 신들에게 필요한 물건을 만들어냈습니다. 우리가 잘 아는 영웅 헤라클레스Hercules와 아킬레우스Achilles도 헤파이스토스가 만든 무기를 사용해 괴물들을 물리쳤습니다.

대단하네요. 제우스와 헤라의 아들이라 엄청난 재능을 가졌던 걸까요?

여기에는 숨겨진 비밀이 있습니다. 안타깝게도 헤파이스토스는 이렇다 할 재능을 갖고 태어나지 않았습니다. 그는 다른 신들과 다르게 절름발이로 태어났으며, 생김새도 이상했다고 합니다. 그래서 어머니 헤라에게 버림받았죠. 헤파이스토스의 능력은 그가 자신의 장애를 극복하기 위해 노력으로 만든 것입니다.

노력은 배신하지 않을까요?

헤파이스토스는 왜 버림받은 건가요?

헤파이스토스가 버림받은 이유로 두 가지 설이 있습니다. 우선 태어나자마자 너무 못생겨서 버렸다는 이야기와, 태어났을 때 헤파이스토스 주변이 불꽃으로 휩싸인 모습을 보고 놀라서 버렸다는 이야기가 있습니다. 둘 중 무엇이 진실이든, 헤라가 갓 태어난 헤파이스토스를 올림포스 정상에서 바다로 던졌다는 건 변하지 않습니다. 바다로 떨어진 헤파이스토스를 본 바다의 여신 테티스Tethys는 헤파이스토스를 거두어 보살펴주었습니다. 그리고 그에게 금속 다루는 기술도 가르쳐주었죠. 금속 다루는 일이 적성에 맞았던 걸까요? 헤파이스토스는 열심히 기술을 배웠고 피나는 노력 끝에 세상에서 가장 뛰어난 기술자가 되었습니다.

멋진 이야기인데요! 어릴 적 버려졌던 일은 까맣게 잊어버릴 수 있겠어요.

글쎄요. 아무리 뛰어난 능력을 갖추었다고 해도 콤플렉스에서 벗어나기란 쉽지 않았던 것 같습니다. 헤파이스토스는 오히려 자신의 능력을 복수에 활용하려 했거든요. 그는 자신을 버린 어머니 헤라에게 복수하고 싶었습니다. 그래서 헤파이스토스는 헤라에게 한 번 앉으면 영원히 일어나지 못하게 만드는 황금 의자를 선물했습니다. 너무나 아름다운 의자를 보고 넋이 나간 헤라는 '설마 아들이 나를 헤치겠어?'라는 생각을 하며 의자에 앉았습니다. 그 순간 족쇄가 그녀의 발목을 채우고, 수갑과 사슬이 몸을 옥죄기 시작했습니다. 헤라는 의자에서 벗어나려 발버둥쳤지만 소용없었습니다. 헤파이스토스를 제외하고 아무도 의자의 속박을 풀 수 없었죠. 헤파이스토스가 도와주지 않으면 평생 의자에 앉아서 지내야 하는 상황에 처하게 된 것입니다.

의자에서 벗어나려면 헤파이스토스의 마음을 잘 풀어줘야 할 텐데요.

헤라는 헤파이스토스를 만나 사과하고 싶었습니다. 하지만 헤파이스토스는 그녀를 외면했죠. 그러자 헤라는 술의 신 디오니소스Dionysos에게 부탁하여 헤파이스토스를 데려오게 했습니다. 디오니소스는 달콤한 포도주로 헤파이스토스를 취하게 만든 뒤 그를 헤라 앞으로 데려왔습니다. 헤파이스토스가 눈을 뜨자 헤라는 헤파이스토스에게 진심으로 사과했습니다. 이에 마음이 풀린 헤파이스토스도 어머니 헤라를 용서해줍니다. 그런데 헤파이스토스의 가슴에 상처를 주는 일이 한번 더 일어납니다. 바로 아버지 제우스에게 버림받은 사건이죠.

어머니에게 버림받은 것도 모자라 아버지에게도 버림을 받았다고요? 왜 그런 일이 벌어진 건가요?

노력은 배신하지 않을까요?

제우스와 헤라의 싸움 때문입니다. 평소 제우스의 심각한 바람기에 수없이 분노했던 헤라는, 제우스를 왕위에서 몰아내려고 했습니다. 하지만 제우스가 쉽게 당할 리 없죠. 자신에게 도전한 아내에게 크게 화가 난 제우스는 헤라를 황금 사슬에 묶어 올림포스 산 정상에 매달아버립니다. 이를 본 헤파이스토스가 제우스 몰래 헤라를 구해주었는데요. 곧 사실을 알게 된 제우스가 격노하며 헤파이스토스를 바다로 던져버렸습니다.

  그래도 아들인데 어떻게 그럴 수 있나요?

  흔히 권력은 부자지간이라도 나눌 수 없다고 하죠. 제우스는 단순히 헤라를 도왔다는 이유만으로 화를 낸 것이 아니었습니다. 제우스는 헤라가 그랬듯 헤파이스토스도 자신의 권력에 반기를 들 수 있는 존재라고 생각했습니다. 아버지에게 버림받은 헤파이스토스는 렘노스 섬에서 지내며 세월을 보냈습니다. 만일 여러분이 헤파이스토스라면 어떤 기분이 들었을까요?

  어머니와 아버지 모두 자신을 한 번씩 버린 셈이니, 깊은 절망을 느낄 것 같아요.

  요즘 '중꺾마'라는 말이 있잖아요? 중요한 건 꺾이지 않는 마음! 불굴의 의지를 가진 노력파 헤파이스토스는 절망하지 않았습니다. 헤파이스토스는 자신의 처지를 비관하지 않고 끊임없이 노력하며 실력을 갈고 닦았습니다. 그리고 결국에는 운명을 바꿀 기회를 잡습니다. 올림포스 신들과 거인족의 거대한 전쟁, 기간토마키아Gigantomachia에서 말이죠. 헤파이스토스가 자신이 만든 무기를 들고 전쟁에 뛰어들어 제우스의 승리를 도왔거든요. 전쟁에서 이긴 제우스는 그동안 가지고 있던 분노를 모두 풀고 헤파이스토스를 받아들입니다. 헤파이스토스의 끈질긴 노력에 감명받은 올림포스 신들도 그를 존경했습니다. 마침내 헤파이스토스는 올림포스 12신으로 등극하는 영광을 얻게 됩니다.

노력을 믿나요?

여러분은 노력을 믿나요? 우리는 살면서 노력이라는 말을 참 많이 듣습니다. 노력의 무게는 사람마다 다르겠지만, 누구나 "좀 더 노력해봐!" 이런 비슷한 말을 들어본 적이 있을 겁니다. 노력의 중요성은 우리 모두 잘 알고 있습니다. '1만 시간의 법칙'도 노력을 강조하는 유명한 말인데요. 말콤 글래드웰Malcolm Gladwell의 〈아웃라이어〉*를 통해 널리 알려진 법칙입니다. 어느 분야이든 세계 수준의 전문가, 마스터가 되려면 1만 시간의 연습이 필요하다는 것이죠. 노력하면 어떤 일이든 좋은 결과를 얻을 수 있다는 의미인데요. 이처럼 우리 주변에는 노력을 강조하는 명언이 무수히 많습니다. 그래서 말인데,

여러분은 노력을 믿나요?

잘 모르겠어요. 그래도 노력하면 뭔가 얻을 수 있는 건 맞잖아요?

어떤 성과를 얻으려면 당연히 노력이 필요합니다. 특히 한국 사회는 노력하면 성공한다는 인식이 강했죠. 하지만 무작정 노력해서는 소용이 없습니다. 무작정 노력하기만 한다면 지쳐서 포기하게 될 수도 있습니다. 그러므로 먼저 노력하는 방법을 알아둬야 합니다. 노력하는 방법을 알면 나의 노력에 배신당하지 않을 수 있습니다.

〈1만 시간의 재발견〉**의 저자 앤더스 에릭슨Anders Ericsson은 노력하는 시간보다 방법이 더 중요하다고 말합니다. 노력할 때 특정한 목적을 둔 활동, 즉 의식적인 연습을 통해서 무엇을 연습해야 할지 스스로 알아내야 한다는 것이죠. 앤더스 에릭슨은 이를 위한 세 가지 절차를 소개합니다.

첫째, 집중해야 한다.
둘째, 실시간으로 반응을 확인하고 피드백해야 한다.
셋째, 교정 및 반영의 과정을 반복하며 노력해야 한다.

---

* 말콤 글래드웰(2019). 아웃라이어. 김영사.
** 안데르스 에릭슨(2016). 1만 시간의 재발견. 비즈니스북스.

한 마디로 요약하자면 '그냥 노력하지 말고 목표의식을 세우면서 노력하라'는 것입니다. 현명하게 노력하라는 말이죠.

분명한 목표의식은 어떤 건가요?

헤파이스토스를 생각해보면 알기 쉬워요. 그는 금속 다루는 일을 통해 부모님께 인정받겠다는 목표를 세웠습니다. 인정이라는 목표의식으로 인해 헤파이스토스는 끝까지 포기하지 않고 꾸준히 노력할 수 있었습니다. 목표를 분명하게 세우면 꾸준히 노력할 수 있는 동기를 얻을 수 있는 것이죠.

하지만 헤파이스토스는 재능도 뛰어났잖아요. 노력보다는 재능이 더 중요하지 않나요?

모든 사람은 저마다 재능이 있습니다. 다만 발견하지 못할 뿐이죠. 그러니까 재능이 없는 분야에서 무리하게 경쟁하지 말고, 재능 있고 좋아하는 분야를 찾기 위해 노력해야 합니다. 만일 헤파이스토스가 대장장이가 되지 않고 다른 분야에 도전했다면 어땠을까요? 아무리 노력해도 인정받지 못했을지도 모릅니다. 헤파이스토스가 사냥에 도전했다면 사냥의 여신 아르테미스를 따라잡을 수 없었겠죠. 다행히 헤파이스토스는 자신의 재능을 일찍 발견했고, 이를 위해 노력했기 때문에 성공할 수 있었습니다.

이왕 노력을 들이는 거라면 자신이 재능 있는 분야에서 노력하는 것이 좋겠네요. 더 잘할 수도 있고요. 그런데 막상 나에게 어떤 재능이 있는지 모른다면 어떻게 해야 하나요? 재능을 찾는 것도 쉬운 일이 아니잖아요.

이렇게 말하면 조금 아이러니한데요. 재능을 찾으려면 일단 노력해야 합니다. 재능은 노력 속에서 발견되거나 혹은 발현되는 것이니까요. 사실 그런 측면에서 보면 헤파이스토스는 아주 운이 좋았습니다. 어린 시절 자신의 재능을 발견해 준 테티스라는 멘토를 만났기 때문입니다. 만일 여러분에게 테티스 같은 멘토가 있다면, 멘토의 말을 경청해야 합니다.

주변에 멘토가 없다면 어떡하죠?

멘토가 없다면 일단 도전하고 싶은 분야에 뛰어들어 최선을 다해 노력해보세요. 여러 분야를 경험해 보면 분명 나에게 적합한 일이나 성장할 수 있는 기회가 생길 겁니다. 저는 평소 아날로그를 좋아하기 때문에 디지털 관련 분야는 잘 맞지 않는다고 생각했는데요. 좋은 선배들과 함께 근무하면서 소프트웨어나 AI에 대해 배울 수 있게 되었고, 그 덕분에 사람들 앞에서 강의를 서게 되었습니다. 이러한 경험이 많은 사람들 앞에서 말할 때 자신감을 가질 수 있는 계기가 되었습니다. 저는 현재 인문학 강의를 진행할 때가 많은데요. 만약 앞선 경험이 없었더라면 지금까지도 사람들 앞에서 이야기하는 것을 어려워했을지도 모릅니다.

   여러분도 헤파이스토스처럼 성공하고 싶나요? 그렇다면 목표의식부터 찾아보세요. 올바른 노력을 통해 성공 가능성을 높이는 현명한 방법을 깨닫기를 바랍니다.

사람을 강하게 만드는 것은

사람이 하는 일이 아니라 하고자 노력하는 것이다.

- 어니스트 헤밍웨이

도전과 안정, 무엇을 선택할 건가요?

오디세이아 Odysseia

<일리야스>의 저자 호메로스가 쓴 고대 그리스의 서사시는
트로이 전쟁 영웅 오디세우스의
10년간에 걸친 귀향 모험을 담은 이야기이다.
총 24편으로 구성되어 있으며
서양 문학사에서 모험담의 원형으로 평가받는다.

오디세우스와 칼립소
아르놀트 뵈클린 | 1883

아르놀트 뵈클린Arnold Böcklin은 스위스 상징주의 화가로, 로마에 체류하면서 고전에 지대한 관심을 가졌다고 합니다. 그는 지중해 아름다운 풍경을 배경으로 고대의 영웅과 반인반수 괴물, 님프 같은 환상적인 신화 속 피조물을 즐겨 그렸습니다. 〈오디세우스와 칼립소〉는 그가 평소 즐겨 그렸던 신화 속 장면입니다. 절벽 위에서 바다를 바라보고 있는 사람이 오디세우스이고, 그런 그를 바라보고 있는 여인은 바다의 님프 칼립소Calypso입니다. 그림의 분위기가 어떤가요?

　오디세우스를 바라보는 칼립소의 눈빛이 애처로워서 전체적으로 우울한 느낌이 드네요. 마치 그녀가 오디세우스에게 떠나지 말라고 애원하는 것 같아요. 그런데 오디세우스는 왜 바다를 바라보고 있나요?

　트로이와 그리스 연합군의 전쟁은 10년 동안 지속되었는데요. 결국 그리스 연합군의 승리로 끝났습니다. 전쟁이 끝난 뒤 오디세우스는 부하들과 함께 고향으로 향했습니다. 하지만 돌아가는 길에는 수많은 시련이 그를 기다리고 있었죠. 특히 여정 초반에 포세이돈의 아들인 외눈박이 거인 폴리페모스의 눈을 찌른 사건이 결정적이었습니다. 아들을 다치게 한 오디세우스에게 분노한 포세이돈이 오디세우스 일행의 여정을 방해했거든요. 오디세우스는 결국 배와 부하들을 모두 잃고 혼자 9일 동안 표류하게 됩니다. 그러던 그는 칼립소가 사는 오기기아Ogygia 섬에 도착하게 되는데요.

　칼립소 입장에서는 갑자기 나타난 낯선 남성을 경계할 법도 한데요. 혹시 오디세우스를 괴롭히진 않았나요?

　님프 칼립소는 오디세우스를 처음 보자마자 사랑에 빠졌답니다. 아무래도 오디세우스는 여성들에게 매력이 넘쳐 보이는 인물인 것 같죠? 칼립소는 오디세우스에게 입을 옷과 먹거리를 대접했으며,

오디세우스를 남편이라고 생각하며 살았습니다. 오디세우스는 칼립소와 함께 살면서 그동안의 고생을 잊게 할 만큼 축제와 같은 나날을 보냈죠. 그렇지만 오디세우스는 오로지 가족의 품으로 돌아가고 싶은 생각뿐이었습니다. 그림 속 오디세우스가 어째서 절벽 끝에서 바다를 바라보고 있었는지, 여러분도 이유를 아시겠죠? 오디세우스는 오기기아 섬에서 지내는 7년 동안 항상 먼 바다 너머에 있을 고향을 바라보며 그리워했습니다. 이런 그를 지켜보는 칼립소의 마음은 어땠을까요?

저라면 떠날 생각만 하는 오디세우스 때문에 엄청 속상할 것 같아요. 7년이나 헌신했잖아요. 차라리 나를 떠나거나 여기에 남거나 둘 중 하나를 선택하라고 따져 묻는 것이 낫겠어요.

만일 둘 중에 하나를 선택할 수 있는 문제였다면, 오디세우스는 망설임 없이 바로 떠났을 겁니다. 하지만 그에게는 선택의 여지가 없었죠. 칼립소는 어떤 형태로든 오디세우스를 붙잡고 싶었기 때문에, 그가 바다를 지켜보며 고향을 그리워해도 별로 상관하지 않았습니다. 그런데 상황이 달라졌습니다. 고향을 향한 오디세우스의 간절한 마음이 하늘에 가 닿은 걸까요? 지혜의 신 아테나가 오디세우스의 사연을 알게 됩니다. 사실 아테나는 오디세우스의 재능을 아꼈기 때문에 그를 보호해왔습니다. 힘과 체력을 뽐내는 당대 인간 영웅들 사이에서, 오디세우스는 거의 유일하다 싶을 정도로 지혜롭고 꾀가 넘치는 사람이었죠. 아테나는 그런 오디세우스를 보며 자신과 닮았다고 생각했던 것입니다. 오디세우스는 평생 아테나의 전폭적인 도움을 받았습니다. 이번에도 아테나는 슬퍼하는 오디세우스를 위해 두 팔을 걷어붙이고 나섰습니다. 포세이돈의 눈을 피해 제우스를 찾아가서는, 부디 오디세우스를 고향으로 돌려보내 달라고 간청했습니다.

아무리 아테나의 부탁이라 해도, 포세이돈의 동의가 없으면 소용없는 일 아닌가요?

제우스도 처음에는 망설였습니다. 자신의 형인 포세이돈의 분노를 외면하기 어려웠죠. 그런데 아테나의 호소를 들은 올림포스 다른 신들이 하나 둘 아테나의 의견에 동조하기 시작했습니다.

왜 아테나의 의견에 동조했나요?

트로이 전쟁이 끝나고 이미 오랜 시간이 지났기 때문입니다. 트로이 전쟁 중에는 그리스 연합군을 지지하는 신들과 트로이를 지지하는 신들 사이에 갈등이 있었습니다. 하지만 전쟁이 끝나고 10년 동안 떠돌아다니는 오디세우스의 모습에 신들 사이에서 동정 여론이 생긴 것이죠. 특히 올림포스 12신 중 제우스의 아내인 헤라가 적극적으로 오디세우스를 옹호했습니다. 헤라는 결혼과 가정의 여신이거든요. 헤라는 오디세우스가 무사히 가족의 곁으로 돌아가야 한다고 주장했습니다. 이렇게 되자 제우스도 신들의 생각을 무시할 수 없게 되었습니다. 제우스는 전령의 신 헤르메스를 칼립소에게 보내 오디세우스를 놓아주라고 명령했습니다.

칼립소가 엄청나게 반발했을 것 같은데요.

칼립소는 밤낮으로 오열했습니다. 그러나 신들의 왕 제우스의 명령을 거역할 수는 없었죠. 제우스의 명령을 듣지 않는다면 큰 벌을 받기 때문입니다. 깊은 고민 끝에 칼립소는 오디세우스와 결판을 내고자 했습니다. 그녀는 오디세우스에게 이렇게 말했습니다.

"고향을 잊고 나와 산다면,
당신에게 신들이 먹고 마시는 넥타르와 암브로시아를 주겠어요.
그러면 당신은 영생을 얻게 될 거예요.
당신은 나와 함께 이 젊음과 아름다움을 영원히 간직하겠지만
고향에 있는 아내는 언젠가 수명이 다해 죽게 되겠죠.
만약 나를 버리고 떠난다면 당신 역시
늙고 병들어 죽는 다른 인간들과 똑같은 운명에 처할 거예요.
그리고 이곳을 떠난다면 지난번처럼 많은 고난을 겪지 않을까요?
오디세우스, 나와 함께 살아요."

여러분이 오디세우스라면 과연 어떤 선택을 내릴 건가요?

7년 동안 나에게 헌신한 아리따운 님프가 영생을 제안하며 함께하자고 말하는데, 매정하게 뿌리치기 어려울 것 같아요. 집으로 무사히 돌아갈 수 있으리라는 확신도 없고요.

저 역시 정말 많은 고민이 들었을 것 같습니다. 그런데 오디세우스는 결심은 흔들림이 없었죠. 그는 슬퍼하는 칼립소에게 이렇게 말했습니다.

"나의 여신이시여. 나의 감정을 미워하지 마십시오. 나의 아내 페넬로페의 얼굴과 몸매가 당신처럼 아름답지 않음을 나도 알고 있습니다. 아내는 그저 인간 여자이지만 당신은 불사의 요정이니까요. 그럼에도 내 머릿속에는 오직 집으로 돌아가겠다는 생각 하나뿐입니다. 다른 것은 아무것도 생각할 수 없습니다. 만일 내가 바다 위에 있을 때 어느 신께서 나를 난파시킨다고 해도 그것을 견뎌내며 최선을 다하겠소. 지금까지 땅과 바다에서 끝도 없는 재난을 겪은 몸이니 새로운 재난이 와도 기꺼이 받아들이겠소. 나에게는 그저 또 하나의 재난에 불과하오."

고향 땅을 밟을 수 있다면 어떠한 어려움도 이겨내겠다는 오디세우스의 심정이 잘 드러나지 않나요? 이 말을 들은 칼립소는 오디세우스를 놓아주기로 했습니다. 그에게 고향으로 돌아가는 항로도 알려주었습니다. 오디세우스는 편안하고 윤택한 삶이 보장되는 오기기아 섬을 떠나, 또다시 모험을 떠나는 도전을 택한 것입니다.

도전과 안정, 무엇을 선택할 건가요?

살다 보면 삶은 때때로 우리에게 도전과 안정 중 하나를 선택하라고 합니다. 여러분은 어느 쪽을 택할 건가요?

저는 새로운 일에 도전했다가 실패한 경험이 있어서, 대부분의 경우에 안정을 선택할 것 같아요.

도전과 안정을 고르는 기준은 전반적인 사회 분위기, 각 사람의 성향 등에 따라 다릅니다. 도전과 안정을 선호하는 마음은 언제든지 바뀔 수 있죠. 이러한 선택을 내리는 순간이 왔을 때, 여러분은 혼자서 결정하나요? 아니면 누군가에게 조언을 구하나요?

사안에 따라 다르겠지만, 저는 주변에 조언을 구하는 편이에요.

사람들의 조언을 듣고 결정을 내리면 마음에 안정을 느낄 수 있을 겁니다. 하지만 내가 원하는 답을 얻게 된다는 보장은 없습니다. 오히려 더 혼란스러울 수도 있고요. 결국 내가 진짜 원하는 것이 무엇인지, 나의 마음을 잘 알아야 합니다. 남의 말보다는 내 마음의 소리에 귀를 기울여야 합니다. 그런데 그것도 생각보다 쉽지는 않습니다. 내가 무엇을 원하는지 나도 잘 모르기 때문입니다. 어째서 그럴까요? 다른 사람도 아닌 나의 마음인데 말이죠.

그건 바로 경험이 적기 때문입니다. 경험이 없으면 내 선택에 어떤 결과가 따를지 잘 몰라 두렵기만 합니다. 남의 말에 흔들리기 쉽고요. 반대로 경험이 쌓이면 나만의 기준을 찾을 수 있습니다. 그렇기에 경험이 중요한 것입니다. 그런데 문제가 하나 있습니다. 경험이라는 것은 결국 시간이 지나야만 쌓일 수 있기 때문입니다.

지금 당장 경험을 쌓으려면 어떻게 해야 할까요?

효율적으로 경험을 쌓는 방법으로 독서만 한 것이 없죠. 독서는 짬짬이 시간을 내어 실천할 수 있어, 단기간에 경험을 쌓기에 유리합니다. 참고로 저는 출퇴근이나 점심시간, 혹은 자기 전에 틈틈이 책을 읽고 있습니다.

독서가 좋은 건 저도 알고 있어요. 그런데 실천하기가 쉽지 않은 것 같아요. 제 주변을 돌아봐도 책 읽는 사람을 본 적이 거의 없거든요. 쉬워 보이지만 막상 어려운 독서, 어떻게 하면 실천에 잘 옮길 수 있을까요?

2021년 국민 독서실태 조사에 따르면 일 년에 책을 한 권도 읽지 않는 성인이 52.5%라고 합니다. 그만큼 독서를 실천하는 것이 어렵다는 뜻이겠죠. 그러나 한번 독서 습관을 기르고 나면 독서의 매력에 푹 빠져들게 될 거예요. 독서 습관을 기르는 좋은 방법을 추천해 드리겠습니다.

책을 가까운 곳에 놓기 ⋯✦

여러분은 대중교통을 타거나 자기 전 침대에 누워 무엇을 하나요?

보통 스마트폰을 봐요. 언제나 내 몸에 가장 가까이 있어서 습관처럼 보게 되는 것 같아요.

견물생심見物生心, 가까이 있으면 보게 된다는 뜻이죠. 책이 가까이 있으면 독서 습관을 들이는 데 좋습니다. 어떤 종류의 책이라도 좋으니 침대, 식탁, 화장실 등 눈에 잘 보이고 손에 쉽게 잡히는 곳에 책을 놓아두세요. 직장에 출근하거나 여행을 떠날 때도 항상 책을 가져가 보는 거죠.

나에게 맞는 책 고르기 ⋯✦

그리고 재미없는 책을 억지로 읽으면 오히려 책을 멀리하게 됩니다. 나에게 잘 맞는 책을 찾아야 해요. 우선 자신이 어떤 분야를 좋아하는지 알아야 하는데요. 역사, 정치, 과학처럼 대중적인 영역도 좋고요. 판타지, 멜로, 공포 등 특색 있는 영역도 좋습니다. 그 다음 주변에 독서를 많이 하는 지인에게 내가 고른 분야와 관련된 책을 추천해 달라고 부탁합니다. 책을 읽는 지인이 없다면 그 분야 베스트셀러를 선택해보세요. 이런 과정에서 나에게 맞는 책을 한 권쯤은 찾을 수 있습니다. 그런 책을 찾았을 때 독서는 시작됩니다.

정말 좋은 생각인데요? 저는 야구를 좋아하는데 야구와 관련된 책이 있으면 한번 읽어볼 마음이 들 것 같아요.

함께 읽기 ⋯✦

'혼자 가면 빨리 가지만 함께 가면 멀리 간다'는 말이 있습니다. 독서 모임이나 동아리와 함께하면 꾸준히 책을 읽는 데 도움을 받을 수 있습니다.

독서는 혼자서 하면 된다고 생각했는데 아닌가요? 독서 모임이 꼭 필요한가요?

책 읽기가 꼭 한 가지 방법만 있을까요? 모두 독서를 실천할 수 있는 나만의 방법을 찾아가는 과정인 셈이죠. 저는 이전에 독서에 잠시 흥미를 잃은 적이 있는데요. 그 무렵 독서 모임에서 큰 힘을 얻었거든요. 독서 모임을 통해 다른 사람과 의견을 나누며 내 생각을 정리할 수 있었고, 다양한 분야의 책을 읽으며 다시금 독서에 흥미를 갖게 되었습니다. 만약 다시 독서가 재미없어지는 순간이 온다면 저는 또 독서 모임에 나갈 것 같아요. 책 읽기가 어려운 분들에게도 적극 추천합니다.

사실 저는 직장에서 도전적인 선택과 안정적인 현상 유지 사이에서 고민을 많이 했거든요. 일상생활 속에서도 마찬가지였고요. 이런 선택의 순간이 올 때마다 매번 머뭇거리며 남에게 물어보았고, 다른 사람에게 의지한 선택은 결국 후회와 아쉬움을 남길 때가 많았습니다. 그런데 오늘 오디세우스 이야기를 듣고 경험의 중요성을 깨닫게 되었어요.

오디세우스를 붙잡았던 님프 칼립소의 이름은 '감추는 자'라는 뜻입니다. 만일 오디세우스가 칼립소를 선택했다면 안락한 삶을 즐길 수 있었겠지요. 그러나 결국에는 세상에서 잊힌 존재가 될 것입니다. 칼립소의 매력적인 제안에도 불구하고 힘난한 도전을 택한 오디세우스. 안정을 뒤로하고 바다로 나아간 오디세우스는 과연 어떻게 되었을까요? 그는 또다시 무수한 시련을 겪게 됩니다. 그러나 하나씩 이겨내며 조금씩 앞으로 나아간 끝에, 고향 땅을 밟을 수 있었고, 자신의 명예를 드높였습니다.

망설임 없이 도전의 길에 뛰어든 오디세우스의 힘은 어디서 나왔을까요? 저는 그의 경험과 실력에서 비롯되었다고 생각합니다. 트로이 전쟁 10년, 고향으로 돌아가기까지 다시 또 10년. 도합 20년의 세월 동안 오디세우스는 다양한 경험을 했고, 경험은 실력을 만들었겠죠.

혹시 도전과 안정 사이에서 고민하고 있나요? 그렇다면 우선 경험을 쌓길 바랍니다. 경험을 쌓으면 실력이 되고, 실력이 있다면 남이 아닌 나의 기준에 따라 판단할 수 있으니까요.

두려움은 항상 무지에서 나온다.
두려움을 잊는 방법은 아는 것이다.

- 랠프 월도 에머슨

◆
당신의 열정은
남아있나요?

헤라 Hera

그리스 로마 신화에 나오는 올림포스 12신 중 하나로
제우스의 막내 누나이자 아내다.
그리스 신화 최고의 여신으로
결혼과 가정의 여신이다.

이오와 함께 있는 제우스를 발견한 헤라
피터르 라스트만 | 1618

    이 그림은 역사 작품으로 유명한 화가 피터르 라스트만^{Pieter Lastman}의 작품입니다. 그림 왼쪽에는 근엄한 자세로 아래를 내려다보는 여인이 보이고, 오른쪽 아래에는 당황한 얼굴로 암소를 만지고 있는 남성이 보입니다. 가운데서 천으로 암소를 가리고 있는 2명의 남성도 있네요.

암소를 만지고 있는 남성의 표정이 무언가 들킨 것처럼 아주 실감나는데요? 어떤 상황인가요?

우선 여인의 정체는 결혼과 가정의 여신 헤라입니다.

오른쪽 아래 당황한 남자는 신들의 왕 제우스인데요.

어느 날 제우스는 인간세계를 살펴보다 이오Io를 보게 되고, 그만 한눈에 반하고 말았습니다. 그래서 제우스는 구름으로 자신과 여인을 덮고 사랑을 나누었습니다. 하지만 갑자기 구름이 덮인 광경을 수상하게 여긴 헤라가 하늘에서 내려와 구름을 흩어버렸습니다. 큰 위기에 빠진 제우스는 과연 어떻게 대처했을까요?

혹시 여인을 암소로 변신시킨 건가요?

정답입니다. 헤라가 내려오자 제우스는 얼른 이오를 하얀 암소로 변신시켰습니다. 그러나 헤라는 눈치가 100단이었죠. 남편의 행동을 수상하게 여기며 제우스 옆에 있는 암소를 자신에게 달라고 부탁했습니다. 제우스는 어떤 핑계를 대며 위기에서 벗어날지 열심히 머리를 굴렸습니다. 그때 헤라가 능청스럽게 말했습니다. "설마 신들의 왕인 제우스께서 아내에게 소 한 마리도 주기 아까운 건가요?" 제우스는 헤라에게 암소를 넘겨줄 수밖에 없었습니다.

제우스 때문에 암소로 변한 이오가 불쌍해요.

수상한 상황에 의심을 떨칠 수 없었던 헤라는 눈이 백 개 달린 부하 아르고스Argus를 보내 암소로 변한 이오를 감시했습니다. 이오는 가족과 떨어져 비참한 짐승의 모습으로 살아가는 자신의 신세를 한탄하며 밤낮으로 울었습니다. 이를 안타까워하던 제우스가 전령의 신 헤르메스를 보내 아르고스를 죽였습니다. 헤라의 의심은 이제 확신으로 바뀌었죠. 헤라는 더욱 집요하게 이오를 괴롭히는데요. 심지어 쇠파리를 보내 끊임없는 고통을 주기도 했습니다. 참을 수 없던 이오는 멀리 이집트까지 도망쳤다고 하죠.

제우스가 책임을 지면 좋겠어요.

이오에게 미안했던 제우스는 헤라에게 사실을 고백했습니다. 앞으로 다시는 이오를 만나지 않겠다고 약속했고, 이전에 죽였던 아르

레다와 백조
프란체스코 멜치 | 1508~1515

당신의 열정은 남아있나요?

고스의 눈을 헤라가 아끼는 공작의 꼬리에 붙여주었습니다. 헤라는 제우스를 용서했고, 이오는 원래의 모습으로 돌아와 이집트 왕과 결혼했습니다. 그런데 제우스에게 이런 일이 한두 번 일어난 게 아닙니다. 그는 이오뿐만 아니라 많은 여성들을 만났다고 하죠.

제우스가 엄청난 바람둥이라는 말을 저도 들은 적이 있어요. 제우스는 엄연히 헤라라는 아내가 있는데 왜 이렇게 많은 여인을 만나고 다녔을까요?

글쎄요. 제우스의 능력이나 외모가 뛰어났기 때문일까요? 사실 제우스와 관계를 맺은 여인들 대부분이 처음에는 제우스와의 만남을 꺼렸습니다. 가장 큰 이유는 헤라의 보복이 두려웠기 때문입니다. 하지만 제우스는 소, 뱀, 백조 등 다양한 모습으로 변장하여 여인들을 만났습니다. 심지어 어떤 여인의 남편으로 변장해 관계를 맺기도 하고요. 바람기가 넘쳐 흐르는 제우스의 모습을 보자면, 우리가 생각하는 신들의 왕이 맞나 의심스러울 정도입니다.

혹시 제우스에게 무슨 다른 이유라도 있는 걸까요?

제우스는 아버지 크로노스의 독단적이고 폭압적인 모습을 직접 목도했습니다. 심지어 그런 아버지를 왕위에서 쫓아내기도 했고요. 그래서 제우스는 자신의 권력을 유지하기 위해 협업을 택했습니다. 이를 실천하기 위해 자신의 형제자매에게 권력을 나눠주었죠. 하지만 드넓은 세상을 여섯 명의 신이 통치하기엔 여러모로 부족함이 있었습니다. 그렇다고 믿음이 가지 않는 아무 신에게 권력을 나눠줄 수도 없는 노릇이고요.

제우스는 믿을 수 있는 신에게 권력을 나눠주고 싶었습니다. 그래서 많은 여인을 만나 자식을 만든 것입니다. 헤라는 제우스의 행동을 견제했지만, 제우스의 권력욕을 막을 수는 없었습니다. 제우스의 바람기는 단순한 성적 욕망이 아니라, 권력을 유지하고 세상을 통치하는 방법이었습니다. 이러한 제우스의 열정이 이전 세대와 다르게 안정적인 왕권을 유지하는 기반이 되었습니다.

열정은
만드는 것입니다

학창시절, 우리는 왜 열심히 공부했나요? 좋은 대학에 가기 위해서 공부했죠. 원하는 대학에 가지 못하면 재수라는 고생도 마다하지 않습니다. 드디어 대학에 합격하는 순간, 그때까지 가졌던 열정은 눈 녹듯 사라집니다. 사회생활도 마찬가지입니다. 어려운 공무원 시험이나 입사 시험을 통과하고 취직하는 순간, 얼마 지나지 않아 익숙함이 찾아옵니다. 시키는 일은 잘하지만, 딱 시키는 일만 하는 평범한 직장인이 됩니다. 설렘과 뜨거움보다는 편안하고 안정적인 업무를 원하게 됩니다. 시간이 지나면서 점점 무기력한 자신에게 불만을 느낍니다. 주변 사람들과 자신을 비교하게 되기도 합니다.

완전 공감합니다. 시간이 지날수록 열정이 사라지는 건 어쩔 수 없는 걸까요?

삶이 무기력해질 때, 사람들은 흔히 열정을 찾으라고 말합니다. 그런데 열정을 '찾는' 것이 가능한 일인가요? 미국 월간지 〈The Atlantic〉에는 열정을 찾으라는 말은 터무니없는 조언이라는 글이 있습니다. 열정에 대한 '고정 이론'과 '성장 이론'을 소개하며, 열정은 찾는 것이 아니라 개발하고 만드는 것이라 말합니다.

혹자는 행복한 직장 생활을 위해 열정이 필요하다 말합니다. 만약 열정이 사라지면 열정에 맞는 직업을 찾으라고 조언하고요. 칼 뉴포트Cal Newport의 저서 〈열정의 배신〉*은 이러한 관점을 '열정론'이라고 부릅니다.

열정론이란, 열정만 있으면 뭐든 잘될 것 같고, 열정이 없으면 문제가 있는 것처럼 느끼는 상태를 말합니다. 어릴 적부터 꿈을 키워 성공한 사람을 보면 무슨 생각이 드나요? 정말 대단한 열정을 가졌구나 싶고, 나도 그런 열정만 가지면 성공할 수 있을 것 같은 기분

---

* 부키(2019). 열정의 배신. 칼 뉴포트.

이 들죠. 하지만 현실은 그렇지 않습니다. 왜냐하면 열정이 성공을 이끌지 않거든요. 우리는 열정론에서 벗어날 필요가 있습니다.

열정과 성공은 항상 따라붙는 것인 줄 알았어요. 그렇다면 무엇인가 할 때 열정이 필요 없다는 뜻인가요?

제우스도 처음부터 바람기가 있지는 않았어요. 왕이 된 후 권력을 유지하기 위해 바람기가 생긴 거였죠. 권력 획득이라는 성공의 경험이 그를 열정적으로 만든 것입니다. 〈열정은 쓰레기다〉*의 저자 스콧 애덤스Scott Adams는 '열정은 무엇을 잘하는지 알고 있을 때 나오는 부산물에 불과하다'라고 주장했는데요. 결국 열정은 내가 잘하는 일을 지속할 때 생긴다는 뜻입니다. 그러므로 열정은 단숨에 찾아내는 그런 대상이 아니고, 시간과 노력을 들이면서 개발하고 만들어야 합니다.

그러니까 어떤 일을 할 때, 열정이 없다고 자책할 필요는 없습니다. 열정은 흥미가 생기면 나타납니다. 조금이라도 흥미가 생겼다면 일단 시도해보기 바랍니다. 어떤 일을 잘하거나 성공의 경험을 맛보게 되면 열정은 자연스럽게 생겨날 것입니다.

---

* 스콧 애덤스(2015). 열정은 쓰레기다. 더퀘스트.

성공이란 열정을 잃지 않고
실패를 거듭할 수 있는 능력이다.

— 윈스턴 처칠

관계

세 번째 이야기

좋은 관계, 적당한 관심에서 시작합니다

협업이 필요한가요?

약속은 모두 지켜야 하나요?

주변에 쓴소리하는 사람이 있나요?

직장 상사와 잘 지낼 수 있을까요?

좋은 관계,
적당한 관심에서 시작합니다

페르세포네 Persephone

봄과 씨앗의 여신으로
신들의 왕 제우스와 농경의 여신 데메테르의 딸이다.
지하 세계의 왕 하데스를 반하게 할 정도로 아름답다.
하데스의 부인이 되어 어마어마한 지위와 부귀영화,
그리고 절대권력을 갖게 된다.

돌아온 페르세포네
레더릭 레이턴 | 1891

〈돌아온 페르세포네〉는 영국의 신고전주의 화가이자 조각가 프레데릭 레이턴Frederick Leighton의 작품입니다.

그는 주로 신화와 종교적인 주제로 그림을 그린 화가입니다. 그림에 두 명의 여인과 한 명의 남성이 보이는데요. 이들은 어떤 관계일까요?

다정한 얼굴과 몸짓을 보니 엄마와 딸처럼 보입니다. 그런데 반가움을 넘어 아련한 느낌마저 드네요.

왼쪽에 위치한 여인은 농경과 계절의 여신 데메테르이고, 그녀에게 손을 뻗은 또다른 여인은 데메테르의 딸 페르세포네입니다. 그림은 지하세계에 있던 페르세포네가 지상의 어머니를 만나는 장면을 묘사하고 있는데요. 신화에 따르면 두 모녀는 1년 중 절반만 만나고, 나머지 절반은 헤어진 채로 지낸다고 합니다.

두 여인에게 어떤 사연이 있었나요?

그리스 로마 신화에는 지하 세계를 다스리는 신 하데스가 있습니다. 그런데 하데스에게는 고민이 있었습니다. 하데스가 다스리는 지하세계는 음침하고 우울해 그와 결혼하고자 하는 여인이 없었습니다. 외로운 나날을 보내던 하데스는 제우스의 부름을 받아 올림포스로 올라갔습니다. 그때 운명의 여인을 만나게 됩니다. 그 여인이 바로 페르세포네입니다. 하데스는 페르세포네에게 첫눈에 반해버렸고, 그녀와 결혼하고 싶었습니다. 하지만 페르세포네와 결혼하려면,

그녀의 어머니 데메테르의 허락을 받아야만 했죠.

엄마라면 당연히 딸을 지하세계로 보내고 싶지 않을 것 같은데요.

평범한 모녀 사이라도 허락이 쉽지 않을 텐데, 데메테르는 딸을 아끼는 정도가 유별났습니다. 딸에 대해 집착이 심해서 주변의 신 중 누구라도 페르세포네 근처에 접근하면 경계하고 쫓아낼 정도였죠. 그래서 하데스는 신들의 왕인 제우스에게 페르세포네와의 결혼을 허락해달라 청합니다.

왜 데메테르가 아닌 제우스에게 결혼을 허락해달라고 요청했나요?

페르세포네가 제우스와 데메테르 사이에서 태어난 아이이기 때문입니다. 제우스는 페르세포네의 아버지이니, 결혼에 관여할 자격은 있었죠. 게다가 하데스와 제우스는 형제 사이입니다. 형 하데스의 부탁을 받은 제우스는 데메테르를 생각하며 거절하려고 했습니다. 그렇지만 하데스가 재차 부탁하자, 결혼을 허락하지 않을 수 없었습니다. 왜냐하면 제우스가 하데스에게 마음의 빚이 있었거든요.

마음의 빚이요?

제우스가 신들의 왕이 되었을 때, 형제들에게 권력을 나눠주었는데요. 그때 하데스에게는 지하세계를 맡겼습니다. 제우스는 아무도

페르세포네의 납치
한스 폰 아헨 | 1589

다스리고 싶어하지 않는 지하세계를 형에게 맡긴 것이 미안했고, 한편으로는 순순히 지하세계를 맡아주어 고마운 마음이 들었습니다. 그리고 지하세계에 살며 아직까지도 결혼하지 못한 형이 안쓰러웠죠. 이러한 사정으로 하데스의 간곡한 부탁을 거절하기 어려웠던 것입니다. 제우스의 허락을 받은 하데스는 들판을 산책하던 페르세포네를 잡아 지하로 끌고 갔습니다.

좋은 관계, 적당한 관심에서 시작합니다

어머니의 허락도 없이 딸을 지하세계로 보내다니, 데메테르에게는 더없이 잔인한 일이네요. 딸이 사라진 것을 알게 된 뒤 정말 슬퍼했을 것 같아요.

데메테르가 딸에 대한 사랑이 유독 심했다고 말씀드렸잖아요? 그녀는 항상 딸의 일거수일투족을 지켜보았어요. 페르세포네가 성장해 성인이 된 이후에도 마치 어린 아기를 돌보듯 딸을 보호해왔죠. 그런 딸이 갑자기 사라지다니 어떤 기분이 들었을까요?

슬픔을 넘어 충격이었겠죠.

잠깐 한눈판 사이에 딸을 잃은 데메테르는 실의에 빠졌습니다. 데메테르는 모든 일을 내팽개치고 딸을 찾기 위해 떠돌아다녔죠. 하지만 아무리 노력해도 단서조차 찾을 수 없었습니다. 이런 데메테르의 모습을 안타깝게 생각한 신이 하나 있었습니다. 바로 태양신 헬리오스입니다. 헬리오스는 모든 사실을 알고 있었고, 데메테르에게 하데스와 제우스가 저지른 일을 낱낱이 이야기했습니다.

저라면 정말 머리 끝까지 화가 났을 것 같아요. 딸이 지하세계로 납치됐다는 것도 분통이 터지는데 남편 제우스가 이 모든 일에 동조했으니까요. 사실을 알게 된 데메테르는 어떻게 행동했나요?

데메테르는 지상세계의 풍요와 곡식을 담당하는 신입니다. 그녀가 있기에 지상의 곡식이 잘 자랄 수 있었습니다. 헬리오스의 말을 듣고 난 뒤 데메테르는 파업을 선언했습니다. 아무 일도 하지 않은 것이죠. 그러자 사람들이 아무리 노력해도 곡식이 자라나지 않았습니다. 사람들은 먹을 것이 없어서 굶어 죽었고, 올림포스 신들에게 제물을 바치지 않았습니다.

제우스는 그제서야 사태의 심각성을 깨닫습니다. 급히 신들을 소집하여 데메테르의 분노를 풀 방법을 논의했죠. 그러나 그 어떤 대책도 소용이 없었습니다. 데메테르는 사랑하는 딸을 돌려받기 전까지는 자신의 분노를 다스리려 하지 않았습니다. 제우스는 결국 전령의 신 헤르메스를 지하세계로 보내 하데스를 설득했습니다. 굶어 죽는 사람이 많으면 지하세계도 죽은 영혼이 넘쳐나 감당하기 힘들 것이라는 논리를 댔죠.

하데스가 설득이 되었을까요? 그 정도로 포기할 거였다면 처음부터 페르세포네를 데려오지 않았을 거예요.

다른 신들도 비슷하게 생각했습니다. 그런데 하데스는 예상을 깨고 순순히 페르세포네를 보내주겠다고 말했습니다. 왜 그랬을까요? 그건 페르세포네가 지하세계 음식인 석류를 먹었기 때문입니다. 곧 어머니를 만날 수 있다는 생각에 긴장이 풀린 페르세포네는 하데스가 준 석류를 아무런 의심도 없이 먹었습니다. 신화에 따르면 하데스는 석류를 먹는 페르세포네를 보며 묘한 표정을 지었다고 합니다.

왠지 불안한데요. 하데스가 혹시 석류에 독이라도 타 놓은 것은 아니겠죠?

하데스가 페르세포네를 얼마나 사랑하는데요. 그럴 리는 없죠. 다만 신들에게는 여러 규칙이 있는데, 그 중 지하세계 음식을 먹으면 반드시 지하세계에서 지내야 한다는 규칙이 있습니다. 석류를 먹는 페르세포네의 모습에 하데스가 묘한 표정을 지었던 것은, 아무래도 기쁜 표정을 숨길 수 없던 모양이죠? 딸이 지하세계 음식을 먹었다는 소식을 들은 데메테르는 망연자실했습니다. 그러나 이대로 포기할 수는 없었죠. 그녀는 제우스에게 다시 간청했습니다. 제우스는 페르세포네가 1년 중 절반인 6개월은 지하세계에서 지내고, 나머지 6개월은 지상에서 지내는 것으로 중재안을 내놓습니다. 데메테르와 하데스 모두 이 중재안을 받아들였습니다. 그래서 페르세포네가 지상에 나와있는 6개월은 데메테르가 곡식과 식물을 돌보아서 봄과 여름이 되고, 다시 지하로 돌아가는 6개월은 슬픔에 잠겨 일을 하지 않기에 가을과 겨울이 되었다고 합니다. 페르세포네는 지하의 여왕이 되어 하데스와 함께 지하세계를 다스리게 되었고요.

한 가지 이해할 수 없는 점이 있어요. 페르세포네도 신인데 정말 지하세계의 음식을 먹으면, 지하세계에서 살게 된다는 규칙을 몰랐을까요? 마지막 순간에 굳이 먹지 않아도 되는 석류를 먹은 것이 이해되지 않아요.

저도 똑같은 생각을 했는데요. 어쩌면 페르세포네는 지하세계의 생활을 만족한 건 아닐까요? 어머니의 지나친 집착과 관심에서 벗어나고 싶었는지도 모릅니다. 지상에서 지내며 엄마의 품에서 예전처럼 보호받는 어린 딸로 지낼 것인가, 지하세계의 여왕이 되어 온전히 한 여성으로 자신의 정체성을 찾을 것인가 고민하지 않았을까요? 그래서 처음에 지하세계로 끌려왔을 때 아무런 음식도 먹지 않았던 그녀도 결국 마지막 순간 석류를 입에 넣은 것이 아닌가 생각합니다.

애착과 집착 사이

여러분은 직장에서 무엇 때문에 가장 힘든가요? 사람마다 다르겠지만 많은 연구 결과에 따르면 '사람과의 관계'가 직장 생활을 가장 힘들게 한다고 합니다. 여러분도 공감하시나요? 사실 저는 개인적으로 인간관계만 좋으면 어떤 직장에서 근무하든 버틸 수 있다고 생각하는 사람이거든요.

맞아요. 인간관계가 무너지면 회복하기 정말 어렵더라고요. 작년에 직장에 신입이 들어와서 제가 도와주려고 했는데요. 그 분은 제가 부담스러웠는지 거리를 두더라고요. 시간이 지날수록 점점 사이가 서먹해지는 걸 느꼈어요. 좋은 관계를 맺는 건 정말 쉽지 않은 일인 것 같아요.

저도 후배와의 관계 때문에 상처받은 적이 있습니다. 제 나름대로 최선을 다한다고 했는데 돌아오는 것은 불평과 불만이었습니다. 그때 문득 이런 생각이 들었습니다.

'잘해줘 봐야 소용없네.'

이게 웬일입니까? 제가 가장 싫어했던 바로 그 말이 떠올랐습니다. 그 사실을 깨닫고는 깜짝 놀랐죠. 그래서 마음을 다잡고 다시 생각해 봤습니다.

'후배는 왜 그런 반응을 보였을까?', '과연 나는 잘못한 부분이 없을까?'

저는 '잘해줘 봐야 소용없다'가 아니라, '소용 있게 잘해주자'고 생각을 바꿨습니다. 그랬더니 여태까지 보이지 않았던 저의 문제가 보였습니다. 저도 모르게 후배에게 지나친 관심과 기대를 쏟고 있던 것입니다. 그러한 지나침이 후배를 지치고 힘들게 만들었습니다. 저는 이러한 고민을 어느 선배에게 털어놓는데요. 그때 선배가 저에게 이야기 하나를 들려주었습니다.

옛날에 서로를 너무나 사랑한 소와 사자가 있었다. 둘은 결혼했고 서로 최선을 다해 살기로 약속했다. 소는 매일 맛있는 풀을 뜯어다가 사자에게 정성을 다해 바쳤다. 사자는 소의 정성을 봐서 맛있게 풀을 먹었다. 사자 또한 매일 맛있는 고기를 잡아다 소에게 바쳤다. 소는 사자의 정성을 봐서 맛있게 고기를 먹었다. 그런데 시간이 지나면서 둘은 점점 지쳐갔다. 소는 초식동물이라 고기가 아닌 풀을 좋아하고, 사자는 육식동물이라 풀이 아닌 고기를 좋아하기 때문이다. 결국 둘은 사랑했지만 헤어졌다. 둘은 헤어지면서 이렇게 말했다.

"내가 얼마나 참은 줄 알아? 나는 최선을 다했어."

- 톨스토이 우화 <소와 사자의 사랑> 中

상대방의 입장을 고려하지 않은 배려가 문제네요. 소와 사자 모두 자기 입장만 생각했던 거죠.

맞아요. 나 위주로만 생각하고 상대방 입장을 고려하지 않는다면 상대방과의 관계는 최악이 될 것입니다. 그리고 지나친 관심은 잔소리이자 간섭이 될 수 있어요. 그리스 로마 신화에서는 이런 과도한 집착, 지나친 관심에서 비롯되는 문제점을 '페르세포네 콤플렉스'로 설명합니다. 페르세포네 콤플렉스는 어머니의 집착에서 벗어나고자 하는 자녀의 심리적 경향을 뜻하는데요. 어머니와 딸의 관계뿐만 아니라 선배와 후배, 관리자와 평사원 등 직장에서도 이와 비슷한 모습이 자주 보입니다. 지나친 관심은 상대방에 대한 기대 심리를 높이고,

이는 상대방의 반발을 낳게 되죠. 결국 부정적인 결말로 끝이 납니다. 1년 중 절반이나 딸과 헤어진 상태로 지내는 데메테르처럼 말이죠.

　그렇다면 관계를 맺을 때 어떤 모습을 보여야 할까요?

　서울 영등포 타임스퀘어에 '赤糖(적당)'이라는 카페가 있습니다. 한자를 풀이하면 '빨간 당'이라는 뜻인데요. 이 카페의 유명 상품이 달달한 팥 양갱이거든요. 어느 날 카페 적당에 앉아 올바른 관계에 대해 고민하던 중, 저는 '赤糖'(적당)의 동음이의어인 '適當'(적당)이 떠올랐습니다. 상대방에 대한 적당한 관심, 적당한 거리, 적당한 배려. 과하지도 부족하지도 않은 상태인 '적당'이 좋은 관계를 맺는 출발점이라고 생각합니다.

　좋은 말이네요. 그런데 적당함이 약간 애매하게 느껴져요. 적당한 관심을 어떻게 알고 표현할 수 있나요?

　사실 적당하다는 건 참 모호한 표현이죠. 사람에 따라 적당함의 기준이 모두 다르니까요. 하지만 결국 관계에 있어 적당함의 기준은 내가 아니라 상대방입니다. 상대방의 적당함을 알려면 소통이 필수적이고요.

　소통이요? 대화가 소통 아닌가요? 저는 남들과 대화를 많이 나누는 편이니 소통을 잘 한다고 볼 수 있겠네요.

우리는 보통 소통과 대화가 같은 말이라고 생각합니다. 그런데 각각의 어원을 살펴보면 두 단어 사이에 명확한 차이가 있습니다. 소통은 영어로 Communication이며, 단어의 어원은 '나누다'를 의미하는 라틴어 Communicare에서 유래했습니다. 반면 대화는 영어로 Conversation이며 '함께'를 의미하는 Com과 '마주보다'를 의미하는 Vertare에서 유래했습니다. 어떤 차이가 있는지 눈치챘나요? 소통은 메시지의 전달보다 경험을 나누는 것을 의미합니다. 공통의 경험을 함께 나누는 것이죠. 그래서 소통을 잘하려면 대화만으로는 충분치 않습니다.

소통은 단순히 말을 주고받는 것이 아니라, 상대방의 내면에 숨겨진 욕구를 찾아내고 이에 적절히 반응하는 것입니다. 다시 말해 공감이 필요합니다. 상대방의 겉모습만 보고 소통하면 실수할 가능성이 큽니다. 소통을 잘하려면 겉으로 보이는 행동 뒤에 숨어있는 감정, 생각, 기대, 욕구를 이해해야 합니다.

어렵네요. 우리는 전문가가 아니잖아요. 대화를 통해 상대방의 감정이나 생각, 기대, 욕구를 알기란 쉽지 않을 것 같아요.

'메라비언 법칙'에 따르면 대화를 통해 상대방에 대한 호감 여부를 느낄 때, 말의 내용이 차지하는 비중은 고작 7% 정도라고 합니다. 반면 태도나 목소리 등은 93%를 차지한다고 하는데요. 결국 소통을 잘하려면 상대방과 대화할 때 진심이 담긴 태도를 보여주는 것이 좋다는 겁니다. 말의 내용이 아니라 말할 때의 태도에 신경 써야 합니다.

소통할 때 구체적으로 어떤 태도를 보이면 좋을까요?

소통을 잘하는 방법은 많이 있습니다. 사실 너무 많아서 문제죠. 방법이 너무 많아서 실천하기 어렵다는 부작용이 있을 정도입니다. 나에게 맞는 소통 방법을 찾으면 좋겠지만, 그게 퍽 쉽지 않으니까요. 그래서 저는 소통을 잘하는 방법이 아니라, 소통할 때 하지 말아야 할 행동이나 말을 추천해주고 싶습니다.

첫째, 상대방의 말을 가로채거나 이야기를 막지 않는다.
둘째, 스마트폰을 보거나 다른 곳을 바라보며 대화하지 않는다.
셋째, 함부로 판단하거나 따지지 않는다.

잘 기억해서 실천하겠습니다. 이제부터 대화가 아닌 소통을 통해 상대방과의 적당함을 찾아볼게요.

화초는 너무 편하면 굳이 열매를 맺으려 하지 않는다고 해요. 뭔가 불안하고 번식의 필요성을 느낄 때 비로소 꽃을 피우고 열매를 맺는다는 거죠. 관계도 화초와 마찬가지입니다. 너무 바짝 가까이 다가가서 상대방의 전부를 채워주려 들면, 그 사람은 스스로 뿌리내리는 법을 배우지 못할 겁니다. 화초든 사람이든, 생명이 있는 모든 것들은 적당한 거리에서 관심을 두고 지켜볼 때 더 훌륭하게 성장합니다. 꼭 기억하세요. 좋은 관계는 적당한 관심에서 시작한답니다.

집착을 버려라.
그러면 세상에서 가장 부유한 사람이 될 것이다.

- 미겔 데 세르반테스

협업이
필요한가요?

제우스 Zeus

우라노스의 손자이자 크로노스와 레아 사이에서
태어난 6남매 중 막내.
신들의 왕으로 불린다.
로마 신화에서는 유피테르라고 불리며
대표적인 상징물은 번개와 독수리다.

신들의 회의
라파엘로 | 1517

르네상스 미술의 3대 거장으로 불리는 라파엘로Raffaello의 작품 〈신들의 회의〉입니다. 그의 작품을 살펴보면, 제우스를 비롯한 올림포스 신들이 모여 회의를 하고 있는데요. 과연 어떤 이야기를 나누고 있을까요?

회의 주제는 잘 모르겠지만, 모두 엄청 진지해 보이는데요? 특히 그림 오른쪽에 흰 머리칼을 지닌 신의 모습이 가장 눈에 띄네요. 모든 신들이 그를 쳐다보고 있는 구도여서 그런지, 시선이 확 집중돼요.

정확하게 보셨습니다. 신들의 시선이 모인 곳에 앉은 인물이 바로 신들의 왕 제우스입니다. 라파엘로는 보랏빛 망토, 다리 사이의 독수리, 오른쪽 발 아래 지구를 함께 그려 넣어 그가 제우스임을 나타냈습니다.

이 회의는 인간 프시케Psyche를 신으로 격상하기 위해 열렸습니다. 프시케를 사랑한 에로스Eros가 그녀와 함께 살고 싶다고 호소했죠. 제우스는 에로스의 소원을 들어주었습니다. 프시케에게 신들의 음료인 '암브로시아'를 먹게 하여 그녀가 신이 될 수 있도록 허락했죠.

왼쪽에 날개 달린 모자를 쓴 신이 헤르메스입니다. 그리고 그가 들고 있는 잔 속의 음료가 암브로시아입니다. 사랑하는 여인이 신이 된다는 사실에 한껏 기분이 좋은 에로스는 프시케를 껴안고 있습니다.

에로스의 행복함이 물씬 느껴져요. 그런데 제가 생각했던 것보다 회의가 훨씬 자유로워 보여서 신기해요. 신들이 모인 회의라면 엄숙하고 무거운 분위기일 줄 알았거든요. 요즘 수평적인 회의 문화를 지향하는데, 딱 그런 모습이네요.

이런 분위기를 만들려면 아무래도 리더의 역할이 가장 중요하겠죠? 바로 그 부분이 제우스의 큰 장점입니다.

아버지 크로노스를 몰아내고 왕위에 오른 제우스에겐 고민거리가 생겼습니다. '왜 아버지는 왕좌에서 쫓겨났을까?' 그리고 '할아버지 우라노스를 쫓아낸 아버지는 왜 똑같은 실수를 저질렀을까?' 한참 고뇌하던 제우스는 답을 찾았습니다. 그들이 내쳐진 이유는 권력을 혼자 독점하려는 과도한 욕심 때문이었습니다. 그래서 제우스는 왕위에 오르자마자 권력을 적절하게 나누고자 했습니다.

권력은 부모와 자식 간에도 나눌 수 없다는 말이 있잖아요. 제우스가 생각한대로 잘 실천했나요? 그는 권력을 어떻게 나눴나요?

제우스는 우선 자신과 함께 싸워준 형제들과 권력을 나누었습니다. 아버지 크로노스에게 잡아먹혔던 형제들이죠. 제우스는 형 포세이돈, 하데스와 제비뽑기를 해서 통치할 영역을 나누었는데요. 그 결과 제우스는 하늘을 다스리게 되었고, 포세이돈은 바다, 하데스는 지하 세계를 맡게 되었습니다. 다음으로 땅을 다스리는 방법은 누이들에게 맡겼는데요. 맏누이인 헤스티아는 화로의 신이 되어 가정의 질서를 담당했습니다. 둘째 누이 데메테르는 곡식과 수확의 여신이 되어 먹고사는 문제를 맡았고요. 마지막으로 헤라는 제우스의 아내가 되어 결혼을 주관하게 되었습니다. 가족의 출발점이 결혼이라는 점에서 헤라의 역할은 인간에게 매우 중요했습니다.

제비뽑기라니 굉장히 의외네요! 조금 유치하기도 하고요.

아무래도 고대 그리스인들이 쓴 신화이니, 당시 사람들의 생각이 크게 반영되었겠죠? 참고로 고대 그리스인들은 실력이나 조건이 비슷할 때 제비뽑기로 정했다고 합니다. 제비뽑기가 가장 공정한 방법이라고 생각한 거죠. 심지어 재판을 담당하는 판사도 제비뽑기로 뽑았다고 해요.

듣고 보니 신들도 제비뽑기로 적절하게 권력을 나눴네요. 그런데 이렇게 권력을 나누게 되면 문제가 발생하지 않을까요? 동등한 권력을 가지면 매일 다툴 것 같은데요.

그래서 제우스는 올림포스 산을 거점으로 하늘을 다스렸습니다. 올림포스 산은 크로노스와 전쟁을 시작할 때 제우스 일행의 거점이었으며, 승리 후 왕궁을 세운 곳이거든요. 상징적인 장소에서 통치하면서 전체적인 통제권은 제우스가 가졌습니다.

총체적인 권한은 제우스가 가진 것이군요. 기업으로 따지면 지분이 가장 많은 회장님 같은 느낌이네요.

우리는 제우스를 보면서 권력은 독점하는 것이 아니라 나누는 것이라는 교훈을 얻을 수 있습니다. 그리고 제우스는 권력 유지를 위해 협력자를 만들었는데요. 일종의 동반자로서 자율적인 권한이 있는 비서실 역할을 했죠. 이를 위해 제우스는 다수의 여성과 관계를 맺어 많은 자식을 낳았습니다. 자신의 자식들에게 능력과 성격에 맞는 권한을 주고 자율적으로 활동하도록 지원했죠. 이런 방식으로 제우스의 자식들은 제우스가 권력을 유지할 수 있도록 돕는 동반자 역할을 할 수 있었습니다.

형제들과 권력을 나누고, 자식들을 협력자로 만든다. 현명한 방법이네요.

모든 일은 협업이 기본입니다

"회의會意할수록 회의懷疑가 듭니다."

혹시 이런 말 들어본 적 있나요? 회의는 여럿이 모여 의논한다는 뜻을 가졌죠. 하지만 회의는 직장인들에게 주로 고통을 수반하는 경우가 많습니다. 회의를 하면 할수록 회의에 참여한 직원, 회의를 주관하는 관리자와 부장들 모두 불만을 토로하게 됩니다. 결국 함께 의논하는 것보다 혼자서 결정하는 편이 더 효율적이라는 말까지 나오죠. 업무도 마찬가지입니다. 팀원과의 갈등, 비협조적 태도, 이기적인 모습으로 인해 차라리 업무를 주관하는 사람 혼자서 일을 처리하는 편이 낫다고 말할 때도 있습니다.

누군가와 함께 일하기란 정말 어려운 일이잖아요. 물론 좋은 팀원과 함께하면 가능하겠지만, 팀원 중 한 명이라도 어긋나면 일을 진행하기 쉽지 않더라고요.

맞습니다. 이쯤에서 〈신들의 회의〉에 등장한 제우스를 다시 살펴볼까요? 아마 제우스도 비슷한 생각을 하지 않았을까요? 자존심 강하고 능력 좋은 신들과 함께 회의하면서 힘든 순간이 참 많았을 것입니다. 그럴 때마다 윗세대 왕인 할아버지와 아버지처럼 독단적으로 일하고 싶은 마음이 들기도 했겠죠. 하지만 우라노스와 크로노스의 마지막 순간은 어땠나요? 참 불행한 결말을 맞지 않았습니까? 신들과 협업하며 어려운 순간이 올 때, 제우스는 할아버지와 아버지를 떠올리며 참았습니다. 여러 명의 신들과 함께 일하기 위해 노력했죠.

다시 보니 그림 속 제우스의 표정에서 고생스러움이 보이네요. 그래도 끝까지 협업하는 모습을 보여준 제우스가 존경스러워요. 저는 협업이 너무 어렵더라고요.

'백지장도 맞들면 낫다'는 속담이 있죠. 협업이 중요하다는 사실은 모두가 알고 있습니다. 그런데 우리는 협업보다 경쟁에서 이기는 법, 최고가 되는 법을 더 중요하게 배웁니다. 오죽하면 대학교 조별과제에서 실제로 배우는 것은 준비성과 협동성이 아니라, 사람에 대한 증오라는 말까지 나왔을까요? 협업의 중요성과 방법을 모르면 아무리 협업을 많이 해도 아무 소용 없습니다.

그러니까요. 방법을 잘 모른 채로 협업을 하면, 팀원 중 능력 있는 누군가의 희생과 노력을 강요하게 되더라고요. 일의 진행도 수월하지 않고요. 혹시 협업을 잘하는 방법이 따로 있을까요?

협업은 '생각과 노력'을 '집단의 뇌'에 녹여, 혼자 일할 때보다 더 나은 결과를 낳으려는 '의지와 능력'입니다. 실리콘밸리를 대표하는 경영 컨설턴트이자 전략 자문가인 테아 싱어 스피처Thea Singer Spitzer는 〈협업의 시대〉*에서 협업을 바라보는 시선을 바꾸는 것만으로도 실제 결과물에 큰 영향을 미친다고 말합니다. 협업을 잘하는 사람은 무작정 협업을 추진하지 않습니다. 원칙 있는 협업을 통해 쓸데없는 에너지 낭비를 줄이고 효과를 극대화합니다. 'ARCS 원칙'을 적용하면 협업할 때 큰 도움을 얻을 수 있습니다.

ARCS 원칙이 무엇인가요? 조금 더 자세히 알려주세요.

교육학에서는 오래전부터 공부하기 싫어하는 학생의 자발성을 높이고 학습에 몰입을 이끄는 방법으로 ARCS 원칙을 활용해왔습니다.

---

* 테아 싱어 스피처(2019). 협업의 시대. 보랏빛소.

ARCS 원칙

- **Attention** 주의 환기
- **Relevance** 관련성 강조
- **Confidence** 자신감 부여
- **Satisfaction** 만족감 증대

이 원칙을 협업하는 팀원에게 적용해보는 거죠. 어떤 식으로 활용하면 좋을지 구체적으로 알려드리겠습니다.

주의 환기 Attention

어떤 일이든 시작이 정말 중요합니다. 새로운 것을 받아들였을 때 인간의 뇌는 평균 5초 안에 호감 정도를 판단하며, 3분 안에 가치를 결정하기 때문입니다. 따라서 업무 협조를 요청할 때 일의 목적과 추진 배경을 상세히 설명하면, 상대에게 해당 업무가 중요하고 가치 있다는 점을 인식시킬 수 있습니다.

업무 목적과 배경 설명이 중요하다는 부분에 공감이 가네요. 아무런 설명 없이 일하는 방법만 인지하고 일을 진행하다 보면, 나중에는 팀원들이 왜 일을 해야 하는지 모르더라고요. 추진력도 점점 떨어지고요.

관련성 강조 Relevance ✦

내가 필요해서 요청하는 일이 상대방에게도 도움이 되는 일이라고 인식시켜야 합니다. 협업하는 이유가 '나'가 아닌 '우리'가 되어야 한다는 거죠. '굳이 왜 나야?' 이런 의문에 답을 줄 수 있어야 해요. 이를 위해 현재 상대방이 담당하는 업무와 지금 협업하려는 일의 연관성을 설명할 필요가 있겠죠. 그래야 상대가 더 주체적으로 업무에 임할 수 있습니다.

저는 이 질문이 크게 와닿네요. '굳이 왜 나랑 같이하지?' 이 질문에 대해 어떤 답을 줄 수 있을지 잘 떠올려보면, 상대방의 주체적인 태도를 이끌어 낼 수 있을 듯합니다.

자신감 부여 Confidence ✦

필요성과 관련성을 충분히 인식했다고 하더라도, 다른 업무와의 충돌하는 등 현실적인 어려움이 있거나 역량 밖의 일이라고 생각하면 선뜻 돕겠다고 나서기 어렵습니다. 그래서 필요한 것이 자신감 부여인데요. 업무의 상세 내용을 잘 조율해 상대가 이 일을 잘해 낼 수 있겠다는 자신감을 심어주어야 합니다.

만족감 증대 Satisfaction ···✱

스스로를 위한 학습에도 보상이 필요한데, 하물며 남의 부탁으로 하는 일은 더더욱 보상이 필요하겠죠? 물리적 보상보다 성취감, 칭찬, 인정과 같은 무형적인 보상이 더 효과적입니다. 그 일을 마쳤을 때 얻을 수 있는 성과에 대해 사소한 것이라도 언급하여 기대감을 주는 것도 하나의 방법이 될 수 있고요.

ARCS 원칙, 협업에 실질적으로 도움이 되는 내용이 많은데요? 바로 실천해 볼 수 있을 것 같아요.

직장에서 업무를 추진할 때 무작정 모이자고 하거나 의례적으로 협업하지 말고, ARCS 원칙을 미리 구성원들에게 적용한 다음 시작하길 바랍니다. 또 한 가지 중요한 점은, 해야 할 일의 범위와 우선순위를 명확히 해야 한다는 겁니다. 이것만 정해도 시간 낭비를 줄일 수 있거든요. 갈등이 생길 때 이를 해결하는 기준이 될 수도 있고요. 그리고 협업할 때는 언제나 상대방을 존중하는 마음을 가져야 합니다. 조직의 특성과 업무에 따라 협업의 방식은 각양각색으로 다르겠지요. 하지만 상대에 대한 존중이 바탕에 깔려 있다면 어떤 차이가 있더라도 함께 일할 수 있을 것입니다. 상대를 존중하고자 한다면, 먼저 상대가 자신이 존중받는다고 느껴야 합니다.

존중받는 느낌이라, 이게 참 어렵네요. 보통 협업할 때 내 일이 다른 사람보다 많은지 적은지 비교하면서 시작하잖아요. 이런 비교하는 마음 때문에 협업이 잘 안 될 때가 많더라고요. 내가 맡은 일이 더 많다고 느끼면 존중받는 느낌도 사라지고요.

제우스도 비슷한 고민을 했던 적이 있죠. 제우스의 협업 방식이 잘 드러나는 이야기를 하나 들려드리겠습니다. 바다의 신 포세이돈과 지혜의 여신 아테나가 다투었던 일인데요. 두 신은 아티카 지방의 수호신 자리를 놓고 경합을 벌였습니다. 하지만 끝내 결론이 나지 않았는데요. 결국 두 신은 제우스를 찾아가 결정해달라고 요청했습니다. 포세이돈과 아테나의 이야기를 들은 제우스는 이렇게 말했어요.

"신을 경배하는 일은 어차피 그 지역에 사는 백성들의 몫입니다. 그러니 누가 수호신이 되면 좋을지 신을 모실 백성들이 결정하게 합시다!"

그리하여 백성들의 지지를 더 많이 받은 아테나가 아티카 지방의 수호신이 되었습니다. 제우스는 포세이돈과 아테나의 의견을 모두 존중하면서, 그 누구도 이의를 제기할 수 없는 뚜렷한 명분인 '백성들의 몫'으로 갈등을 해결한 것입니다.

제우스의 행동이 ARCS 원칙과 맞아 떨어지네요.

구성원의 의견을 반영하되, 만일 업무 중 갈등이 생긴다면 ARCS 원칙을 적용하면서 구성원과 소통해야 합니다.

"가장 훌륭한 성과를 거두는 사람은 가장 뛰어난 독불장군이 아니다. 동료의 두뇌와 재능을 최대한 활용하는 사람이다."

석유회사 시트코의 알톤 존스W. Alton Jones 회장이 했던 말인데요. 혼자서 일하면 효율적일 수는 있으나 성과는 보장받기 어렵습니다. 좋은 성과를 내려면 협업은 필수입니다.

재능은 게임을 이기게 한다.
그러나 팀워크와 이해력은 챔피언을 만든다.

— 마이클 조던

◆
약속은
모두 지켜야 하나요?

스틱스 Styx

지상과 저승의 경계를 이루는
강이자 신격화한 여신이다.
신들은 맹세할 때 스틱스 강의 이름을 빌리는데,
아무리 전지전능한 신이라도 스틱스 강에 맹세하면
반드시 지켜야 한다.

스틱스 강을 건너는 카론
요아힘 파티니르 | 1520~1524

풍경화의 대가로 불렸던 요하임 파티니르Joachim Patinir의 〈스틱스 강을 건너는 카론〉입니다. 그림을 보면 어떤 느낌이 드나요?

왼쪽과 오른쪽의 분위기가 사뭇 다른데요? 왼쪽은 천사의 모습도 보이고 분위기가 밝아요. 반면 오른쪽은 불길과 연기가 치솟고 있어 무섭고 음산해요.

그리스 로마 신화에 따르면 이승과 저승의 경계를 이루는 강이 있다고 하는데요. 그림의 한가운데 흐르고 있는 스틱스 강입니다. 한 번 건너면 다시는 돌아올 수 없는 강이죠. 사람이 죽으면 육체는 이승에 남아있지만, 영혼은 저승으로 떠납니다. 이때 영혼이 저승으로 가려면 스틱스 강을 건너야 하는데요. 이 강에는 카론Charon이라는 이름의 뱃사공이 있습니다. 영혼들은 그에게 돈을 줘야 배를 타고 저승 세계로 갈 수 있죠.

죽은 사람이 어떻게 돈을 줄 수 있나요?

혹시 영화 〈트로이〉 보셨나요? 고대 그리스 시대를 다룬 영화를 보면, 시신을 불태우기 전 시신의 입이나 두 눈 위에 동전을 올려놓는 장면이 있습니다. 실제로 그리스인들이 장례를 치를 때 동전을 올려놓았다고 하는데요. 일종의 노잣돈인 셈이죠. 죽은 영혼이 그 돈을 가지고가 스틱스 강에 던지면 카론이 다가와 배를 태워준다고 합니다.

저승을 갈 때도 돈이 필요하다니, 세상에 공짜는 없다는 말이 떠오르네요.

사실 스틱스 강은 단순한 강이 아닙니다. 스틱스는 그리스 로마 신화에서 지상과 저승의 경계를 이루는 여신이기도 해요. 제우스가 크로노스와 대항하여 싸울 때, 크로노스의 핏줄이었던 대부분의 티탄 신들은 크로노스 편에 섰습니다. 하지만 스틱스는 티탄 신임에도 불구하고 제우스 편에 서서 싸웠죠. 전쟁이 끝나자 제우스는 스틱스에게 큰 감사를 느꼈습니다. 그래서 스틱스에게 한 가지 선물을 주었습니다.

"스틱스 강의 이름을 걸고 맹세한 약속은
신이라 해도 어길 수 없다."

이 말로 인해 스틱스는 단순히 이승과 저승의 경계를 이루는 신에서 맹세의 신이 된 것입니다.

맹세의 신이라니 정말 멋지네요. 그런데 신들 사이에서 맹세가 잘 지켜졌나요?

잘 지켜졌습니다. 왜냐하면 무시무시한 벌칙이 있었거든요. 스틱스 강에 맹세한 약속을 어긴다면, 일 년 동안 숨을 쉬지 못한 채로 질식의 고통을 느끼며 식물인간처럼 누워있어야 했습니다. 목소리도 낼 수 없고, 신들의 음식인 넥타르와 암브로시아를 먹을 수도 없었죠. 심지어 이 고통스러운 일 년이 지나고 나면 다시 외톨이로 9년 동안 다른 신들과 격리되어 지내야 했습니다. 소설 〈일리아스〉에서 헤라는 '영광의 신들이 서약할 수 있는 가장 위대하고도 가장 무서운 서약'이라며 스틱스 강을 언급하기도 했습니다. 많은 신들이 스틱스 강에 대한 맹세로 인해 소중한 애인과 자식을 잃기도 했습니다.

지키지 않을 수 없는 약속이네요. 그리스 로마 사람들은 약속의 중요성을 잘 알고 있던 것이 틀림 없어요.

사소한 약속, 지켜야 하나요?

"언제 같이 밥 한 번 먹자~"

우리는 일상생활에서 이런 말을 곧잘 합니다. 사람들은 이런 약속은 그냥 의례적으로 건네는 말이라고 생각하죠. 예의상 하는 약속이라 생각하여 사소하게 여기거나 무신경하게 지나쳐버립니다.

그 정도는 다들 보통 그냥 하는 말이라고 생각하지 않나요?

맞아요. 그런데 최근에 신기한 경험을 했습니다. 우연히 대학 시절 선배를 만났는데요. 짧은 대화를 마친 후 선배가 "밥 한 번 먹자."라는 말을 남겼습니다. 저는 평소처럼 별 뜻 없이 알겠다고 대답하고 넘겼죠. 그런데 얼마 지나지 않아 구체적인 약속을 정하자는 메시지가 온 것이었습니다.

저는 처음에 그 메시지를 받고 당황했어요. 혹시 돈 빌려달라는 건가? 이런 의심까지 들었죠. 하지만 약속을 정하고 만남을 이어가면서 점점 선배가 대단하게 보였습니다. 사소한 약속을 지키는 선배의 모습에서 말의 무게가 느껴진 것입니다. 선배와 저녁을 먹고 돌아오는 길, 사소한 약속을 무심하게 여겼던 제 모습을 바라보게 되었습니다. 그동안 주변 사람들에게 함부로 약속한 건 아닌지 생각해봤습니다.

　　말 그대로 사소한 약속인데, 그래도 꼭 지켜야 하나요?

　약속의 전제는 '지켜야 한다'는 것입니다. 아무리 사소한 약속이라도 지키려고 노력해야 합니다. 중요한 약속은 지키고 사소한 약속은 대수롭지 않게 여기는 이중적인 모습을 보이면 안 됩니다. 사소한 약속을 어기는 모습이 쌓이고 쌓여 신뢰를 무너뜨리는 계기가 될 때가 많거든요. 애초에 지키지 못할 약속은 하지 않은 것이 좋습니다. 약속을 실천하는 선배의 모습에서 저는 '증자살체曾子殺彘'라는 말이 떠올랐습니다.

　　증자(曾子)라면 효를 잘 실천한 공자의 제자 아닌가요? 백제의 마지막 왕인 의자왕이 효를 잘 실천해서 '해동증자'라고 불리기도 했잖아요.

　　맞습니다. 그런데 증자는 효만이 아니라 약속도 잘 지켰다고 합니다. '증자살체'는 그런 증자의 모습을 보여주는 사자성어인데요. 어떤 내용인지 함께 알아볼까요?

하루는 증자의 아내가 시장에 갔는데 아들이 따라오면서 울었다. 아내는 아이와 같이 가기 힘들어 이렇게 말했다.

"시장에 갔다 오면 맛있는 돼지고기 요리를 만들어줄 테니 기다리고 있거라."

그 당시 고기는 쉽게 먹을 수 있는 음식이 아니었기에 아이는 선뜻 기다렸다. 아내가 시장에서 돌아오자 증자는 돼지를 잡아 요리를 만들려고 했다. 그러자 아내가 증자를 말리면서 말했다.

"그저 어린아이와 농담을 했을 뿐입니다. 우리 형편에 돼지고기라니요."

그러자 증자가 답했다.

"아이는 농담으로 받아들이지 않았소. 아이는 아는 것이 많지 않아 부모를 의지하여 배우고 가르침을 듣는데, 지금 당신이 아이를 속이면 이는 자식에게 속임수를 가르치는 일이 되오. 어머니가 자식을 속이면 자식은 부모를 믿지 못할 것이니 가르침을 이루는 방법이 아니오."

끝내 증자를 돼지고기를 삶아 맛있는 요리를 만들었다.

증자가 잡았던 돼지는 그의 전 재산과 다름없었다고 하죠. 사소한 약속이라도 중요하게 여기는 증자의 생각이 드러나는 일화입니다. 증자의 아들 역시 아버지의 가르침을 본받아 사소한 약속을 잘 지키는 모습을 보여주었다고 해요.

사실 어린아이를 달랠 때 당장 울음을 그치게 하려고 아무 약속이나 얼른 했던 적도 많은데… 반성하게 되네요.

약속은 모두 지켜야 하나요?

사소한 약속은 내용뿐만 아니라 대상에 따라 정해지기도 하죠. 같은 약속이라도 누구와 약속했는지에 따라 달라지곤 합니다. 나보다 직위가 낮거나 혹은 나이 어린 사람과 약속할 때 이것이 사소하다고 생각해서 지키지 않거나 아예 잊어버릴 때가 있습니다. 과연 이런 사람을 신뢰할 수 있을까요? 상대방에 따라 약속의 무게를 다르게 저울질하는 사람은 강한 자에게 약하고, 약한 자에게 강한 '강약약강'의 사람으로 보일 수도 있습니다. 갑질이나 기회주의자는 괜히 만들어지는 것이 아닙니다. 평소에 행동거지가 쌓이면서 어느 순간 갑질과 기회주의자의 모습으로 나타나는 것이죠.

그리스 로마 신들도 인간과 약속할 때 사소하다고 생각했을 수 있겠는데요?

그리스 로마 신들은 불멸의 존재입니다. 무서운 것이 없겠죠. 그래서인지 신들은 특히 인간을 대할 때 더욱 거만한 모습을 보였습니다. 신들은 인간과 쉽게 약속하거나, 약속을 지키지 않아도 대수롭지 않게 넘어가곤 했습니다. 그러나 신이 스틱스 강에 맹세하는 순간 그 약속의 무게는 달라졌습니다. 앞서 말했듯 스틱스 강을 걸고 말했다면 함부로 어길 수 없는 약속이 되었으니까요. 저도 역시 강한 자의 자리에서 혹시라도 사소한 약속을 어기지 않았는지 경계합니다. 나도 모르는 사이 거만한 그리스 로마 신처럼 굴지 않았는지 조심하는 거죠.

여러분, 혹시 사소한 약속을 지키기 어렵나요? 그렇다면 그리스 로마 신화 속 스틱스 강의 맹세를 떠올려보세요. 그리고 나만의 스틱스 강을 만들어 스스로를 돌아보시기 바랍니다.

약속이 맺어졌다는 것은 상대방의 신뢰를 얻었다는 증거다.
만약 약속을 파기하면 상대방의 시간을 도둑질한 셈이 된다.

- 앤드류 카네기

주변에 쓴소리하는 사람이 있나요?

카산드라 Cassandra
트로이의 왕 프리아모스와 왕비 헤카베 사이에서
태어난 공주로 아프로디테와 비견될 정도로
굉장한 미녀였다고 한다.
뛰어난 예언 능력이 있지만
아무도 그녀의 말을 믿지 않는 저주를 받았고,
훗날 비참한 최후를 맞게 된다.

카산드라
에블린 드 모건 | 1898

영적, 신화적, 우화적 주제를 사용하여 여성의 신체를 전면에 내세운 화가 에블린 드 모건Evelyn De Morgan의 〈카산드라〉입니다. 그림을 보면 한 여인이 머리카락을 잡으며 고통스러워하고 있습니다. 도대체 이 여인에게 무슨 일이 일어난 걸까요?

여인의 뒤편에 그려진 도시에 불과 연기가 가득한데요! 자신이 살던 곳이 불타서 괴로워하는 것 같아요.

맞습니다. 불길에 휩싸인 도시는 트로이이고, 여인은 이 때문에 괴로워하고 있습니다. 그런데 여인의 표정을 자세히 보면 괴로움과 함께 무언가 답답함이 느껴지지 않나요?

정말 그러네요. 마치 "내 말 좀 들어!"라고 외치는 것 같아요. 대체 이 여인은 누구인가요?

트로이의 왕 프리아모스Priamos의 딸 카산드라입니다. 트로이 왕가에는 미남미녀가 많았는데요. 카산드라는 프리아모스의 자녀 중 가장 미모가 뛰어났다고 알려져 있습니다. 심지어 미의 여신 아프로디테와 비견될 정도였죠. 그런데 신화에 따르면 트로이 사람들은 카산드라가 무슨 말을 하든 믿지 않았다고 합니다.

이유가 무엇인가요? 혹시 양치기 소년처럼 너무 거짓말을 많이 했나요?

주변에 쓴소리하는 사람이 있나요?

그건 카산드라가 저주를 받았기 때문입니다.

그녀는 어쩌다 저주를 받은 걸까요?

빼어난 미모를 지닌 카산드라는 인기가 아주 많았는데요. 인간 영웅뿐만 아니라 신들까지도 카산드라와 결혼하기 위해 노력했습니다. 그녀를 좋아한 대표적인 신으로 태양의 신 아폴론이 있습니다. 아폴론은 카산드라에게 자신의 마음을 적극적으로 표현했지만, 그녀는 받아주지 않았다고 해요.

아폴론에게 무슨 문제라도 있었나요?

그렇지는 않습니다. 신화 속 아폴론은 재능도 뛰어나고 얼굴도 잘생긴 신계의 엄친아로 묘사되거든요. 아폴론은 카산드라에게 자신의 청혼을 받아준다면 예지 능력을 주겠다고 말했습니다. 참고로 아폴론은 델포이에서 인간들에게 신탁을 내리는 신이기도 하죠. 예지 능력이 탐났던 카산드라는 아폴론의 청혼을 받기로 약속했습니다. 하지만 아폴론에게 예지 능력을 받은 뒤 카산드라는 마음이 바뀌어 신의 청혼을 거절해버립니다.

신과의 약속을 어기다니 큰 벌을 받겠네요.

아폴론은 당연히 크게 화가 났고, 몹시 분한 마음이 들었습니다. 당장이라도 카산드라에게 준 예지 능력을 빼앗고 싶었습니다. 하지만 이미 준 능력을 도로 뺏는 건 불가능했습니다. 그래서 아폴론은 꾀를 냈습니다. 카산드라에게 마지막으로 이별의 키스를 해달라고 부탁한 것이죠. 약속을 어긴 것이 미안했던 카산드라는 별다른 의심 없이 승낙했습니다. 아폴론과 카산드라가 입을 맞추는 순간, 그녀의 혀에 담긴 설득력이 빠져나갔습니다. 그래서 카산드라는 뛰어난 예지 능력을 갖게 되었지만 아무도 그녀의 말을 믿지 않게 된 것입니다.

모처럼 신에게 받은 능력이 아무런 소용없게 되었군요. 그런데 카산드라는 왜 아폴론의 청혼을 거절했나요?

아마도 그동안 신과 사랑을 나누었다 버림받은 인간을 봐왔기 때문이겠죠. 카산드라는 아폴론과 결혼해도, 언젠가 그는 자신을 버릴 것이라 생각했습니다. 그리고 예지 능력을 통해 자신이 늙으면 아폴론이 다른 여자를 만나게 될 것임을 알았죠. 그래서 아폴론의 청혼을 거절했던 것입니다. 하지만 아폴론에게서 받은 저주로 카산드라는 큰 어려움을 겪게 되었습니다. 설득력 없는 예지 능력으로 인한 불행이 시작되었습니다.

어떤 불행을 겪었나요?

주변에 쓴소리하는 사람이 있나요?

트로이 궁에서 파리스Paris가 태어났을 때 카산드라는 이렇게 예언합니다.

"위험한 아이가 태어나 트로이를 멸망에 이르게 한다."

파리스는 훗날 트로이 전쟁을 일으키는 장본인이죠. 하지만 왕은 파리스를 버리지 않았습니다. 성인이 된 파리스가 그리스 사신으로 갈 때 카산드라는 다시 한번 경고합니다.

"파리스를 보내면 트로이에 큰 재앙이 닥칠 것이다."

하지만 사람들은 그녀의 말을 무시했습니다. 결국 그리스로 떠난 파리스는 스파르타 왕의 아내 헬레네Helen를 납치했습니다.

파리스가 헬레네와 함께 트로이로 돌아오자, 카산드라는 분노했습니다. 그녀는 파리스에게 헬레네를 다시 스파르타로 돌려보내라고 말했습니다. 헬레네를 돌려보내면 적어도 전쟁은 막을 수 있다고 설득했죠. 하지만 파리스는 이번에도 카산드라의 말을 무시했습니다. 주변 사람들도 모두 마찬가지였고요. 결국 이 사건을 계기로 트로이와 그리스 연합군 사이에 전쟁이 벌어집니다. 파리스는 10년 동안이나 이어진 트로이 전쟁의 원인을 제공한 셈입니다. 모두 카산드라의 예언대로였죠.

트로이 목마 행렬
지오반니 도메니코 티에폴로 | 1773

주변에 쓴소리하는 사람이 있나요?

카산드라가 불쌍해요. 그런데 헬레네는 스파르타의 왕비인데, 왜 그리스 연합군이 트로이를 공격했나요?

그 비밀을 알기 위해서는 헬레네의 혼인 과정을 살펴봐야 합니다. 헬레네는 어릴 적부터 그리스에서 가장 아름다운 여인으로 소문이 났습니다. 헬레네가 성인이 되자 그리스 전역의 왕자들이 찾아와 혼인을 청했습니다. 이를 지켜본 헬레네의 아버지는 걱정했습니다. 여러 명의 왕자들 중 딱 한 사람을 사윗감으로 선택해야 하는데, 선택받지 못한 나머지 왕자들이 반발하여 서로 다툼이 생길 수 있지 않겠습니까? 어쩌면 큰 소동으로 번져 나라에 피해를 입힐 수도 있는 것이고요. 그때 오디세우스가 해결책을 하나 제시했습니다. "여기 모인 왕자들 중 누구라도 헬레네의 신랑으로 선택되면 이에 승복합시다. 그리고 만일 누군가 이 결혼과 혼인 생활을 방해한다면 함께 힘을 합쳐 싸웁시다." 왕자들은 오디세우스의 제안을 받아들였고, 헬레네는 메넬라오스Menelaus와 결혼하여 스파르타의 왕비가 되었습니다. 이때의 맹세로 인해, 구혼자들은 파리스가 헬레네를 납치했을 때 어쩔 수 없이 전쟁에 참여해야만 했습니다. 그래서 스파르타와 트로이가 아닌, 그리스 연합과 트로이 사이에 전쟁이 일어난 것입니다.

그런 사연이 있었군요. 전쟁은 어떻게 전개되었나요?

트로이 전쟁은 10년 동안 치열하게 이어집니다. 신화 속에 등장하는 신들도 저마다 그리스 연합군과 트로이군으로 갈라져 자신이 선택한 쪽을 응원하고 도움을 주었습니다. 긴 전쟁으로 많은 영웅과 군사들이 죽었고, 양쪽 모두 지쳐갔습니다. 그때 오디세우스가 전쟁을 끝내고자 기막힌 꾀를 하나 냈습니다. 바로 거대한 목마를 트로이 땅에 놓고 철수하는 척을 하자는 제안이었는데요. 연합군 대표들이 이를 승낙했습니다.

그리스 연합군이 물러가자 트로이 사람들은 승리의 기쁨에 빠졌습니다. 더욱이 거대한 목마가 눈앞에 보이자 이를 승리의 상징으로 여겨 성안으로 들이기로 했습니다. 이때 카산드라가 달려 나와 자신의 아버지이자 트로이 왕인 프리아모스에게 간청했습니다. 목마를 성안으로 들이지 말라고요. 그러나 카산드라의 외침은 언제나 그랬듯 외면당합니다. 바로 그날 밤, 목마 안에 숨어 있던 그리스군에 의해 성은 함락되고 트로이는 멸망하게 됩니다.

아무도 자신의 말을 믿지 않는 기분이 어떨지 상상도 가지 않네요. 정말 외롭고 답답했을 것 같아요. 트로이가 멸망한 뒤 카산드라는 어떻게 되었나요?

전쟁이 끝나고 카산드라는 그리스군의 포로가 되었는데요. 카산드라를 본 그리스 연합군의 총사령관 아가멤논Agamemnon이 그녀의 미모에 반해버리고 맙니다. 그래서 카산드라를 자신의 왕국에 데려가려 했습니다. 그때 카산드라는 아가멤논에게 이렇게 예언했습니다. "고향으로 돌아가면 우리 둘 다 당신의 아내에게 죽임을 당할 거예요." 하지만 트로이 사람들처럼 아가멤논도 카산드라의 말을 무시했습니다. 카산드라가 자신과 함께 가고 싶지 않아 거짓말을 한다고 생각했던 거죠. 하지만 고향에 도착한 아가멤논과 카산드라는 아가멤논의 아내인 클리타임네스트라Klytaimnestra에게 살해당했습니다.

결국 카산드라의 예언대로 되었군요. 그런데 아가멤논의 아내는 왜 그런 일을 저질렀나요? 전쟁에서 승리한 왕을 죽이다니 이상하네요.

그건 클리타임네스트라의 복수심 때문입니다. 그녀의 복수심은 남편 아가멤논이 전쟁터로 떠나기 바로 직전에 불타올랐습니다. 아가멤논이 자신의 첫째 딸을 제물로 바쳐 죽였거든요.

친딸을 제물로 바쳤다고요? 왜 그런 끔찍한 일을 저질렀나요?

군대를 이끌고 트로이로 떠나기 전, 아가멤논은 실수로 사냥의 신 아르테미스Artemis가 아끼는 수사슴을 죽였습니다. 이에 분노한 아르테미스는 그리스 연합군의 배가 출항하지 못하도록 방해했습니다. 아가멤논은 깊은 고민 끝에 신탁에 해결책을 부탁했습니다. 그러자 신탁은 아가멤논의 가장 아름다운 딸을 산 제물로 바쳐 아르테미스의 분노를 풀어야 한다고 말했습니다. 그리스 연합군의 총사령관이었던 아가멤논은 결단을 내릴 수밖에 없었습니다. 그는 결국 자신의 첫째 딸을 제물로 바쳤고, 이 사실을 알게 된 클리타임네스트라는 분노했습니다. 더군다나 전쟁이 끝난 뒤 다른 여자까지 데리고 돌아왔으니, 복수심에 사무친 클리타임네스트라는 더 이상 참을 수 없었습니다. 그래서 그녀는 아가멤논이 돌아오자마자 그와 카산드라를 죽였습니다. 카산드라의 예언은 적중했지만 끝내 어떤 불행도 막을 수 없었습니다.

쓴소리, 어떻게 생각하나요?

여러분은 쓴소리를 어떻게 생각하나요? 국어사전에 따르면 쓴소리는 '듣기에는 거슬리나 도움이 되는 말'을 뜻합니다. 하지만 막상 쓴소리를 들으면 그 말이 나에게 도움이 되는지 아닌지는 중요하지 않습니다. 쓴소리를 들으면 기분이 상합니다. 이성보다 감정이 먼저 반응하기 때문이죠. 그래서 우리는 쓴소리를 잔소리로 생각하며 듣기 싫어합니다.

저도 그래요. 특히 싫어하는 사람이 충고하거나, 내 마음의 여유가 없을 때 쓴소리를 들으면 더 거슬리고요.

사람은 누구나 자신이 정한 기대치에 부응하는 삶을 살고자 노력합니다. 그러던 중 갑자기 누군가에게 비판을 받거나 쓴소리를 듣게 되면, 자신의 자아와 정체성에 엄청난 위협으로 느껴지는 거죠. 그래서 쓴소리를 들으면 본능적으로 방어적인 자세를 취합니다. 사실 이런 방어적인 자세가 우리의 마음이 다치는 것을 막아 주기도 합니다.

요즘 세대는 쓴소리를 싫어하지 않나요? 잔소리하는 어른을 꼰대라고 부르며 피하기도 하고요.

흔히 2030이라고 불리는 젊은 세대는 다들 잔소리를 싫어할 거라고 생각하는데요. 젊은 세대라고 모든 잔소리를 싫어하는 것이 아닙니다. 유튜브에 '쓴소리'라고 검색하면 사교육 업계 일타강사, 유명 축구선수의 아버지 등이 나오는데요. 이들의 쓴소리는 삶에 큰 자극을 준다고 하거든요.

이들의 쓴소리는 왜 잔소리처럼 들리지 않는 걸까요?

잘 들리기 때문이죠. 쓴소리를 듣게 만드는 핵심은 말하는 방법에 있습니다. 쓴소리를 하더라도 상대방의 상황을 진심으로 이해하고 배려한다는 느낌으로 전하면 멘토가 될 수 있는 겁니다. 반대로 상대방의 상황을 고려하지 않고 말하면 꼰대가 되는 거고요. 그럼 쓴소리를 효과적으로 듣게 만드는 두 가지 방법을 소개하겠습니다.

쿠션 화법 ···✦

쓴소리는 누구나 듣기 싫은 법입니다. 그런데 쓴소리를 전달할 때 쿠션처럼 폭신한 말을 중간에 끼워주면 덜 부정적으로 들립니다. 쓴소리를 듣는 상대방이 받을 충격을 줄여주는 거죠. 쿠션 언어는 '미안하지만', '괜찮으시다면', '바쁘시겠지만', '번거로우시겠지만', '이해해 주신다면', '실례합니다만', '죄송합니다만' 총 7개가 있습니다. 이 쿠션 언어를 쓴소리 중간중간에 사용해보세요. 예를 들어 지각을 자주하는 후배에게 그냥 "지각하지 마세요."라고 말하지 않고요. "바쁘시겠지만 지각하지 마세요."라고 말하면 됩니다.

쿠션 언어라는 말이 귀에 쏙쏙 들어와요. 쿠션 언어를 사용하니 확실히 말투가 부드럽게 느껴지네요.

긍정&부정 화법 …✦

쓴소리는 대부분 부정적인 이야기입니다. 그러니까 잔소리처럼 들리는 거고요. 쓴소리를 할 때 긍정적인 이야기를 함께 사용하면 전달 효과가 좋은데요. 이때 중요한 점이 있습니다. 긍정적인 이야기를 먼저 언급해야 합니다. 긍정적인 말 다음에 쓴소리를 들으면, 거부감이 줄어들어 상대가 쓴소리를 더 잘 받아들이게 됩니다. 자료를 매번 늦게 제출하는 직장동료에게 "○○님, 자료는 시간 맞춰 제출해 주면 좋을 것 같아요." 이렇게 말하는 대신 "○○님 자료는 항상 최고예요! 그래서 빨리 보고 싶네요. 시간 맞춰서 주면 더 좋을 것 같아요."라고 말해보는 겁니다.

정말 좋은 팁이네요. 누군가에게 쓴소리할 상황이 생기면 쿠션 화법과 긍정&부정 화법을 꼭 활용해 볼게요. 이제 반대로 쓴소리를 잘 들으려면 어떻게 해야 할까요?

쓴소리를 들을 때 얼굴을 붉히지 않고 듣는 건 생각보다 쉽지 않습니다. 특히 내가 듣고 있는 말이 나에게 도움이 되는지 판단까지 하려면 더욱 힘들고요. 그래서 저는 누군가가 쓴소리를 하면 판단하거나 반박하지 않고 듣기만 합니다. 어차피 그 말을 듣고 있는 순간에는 객관적인 판단이 불가능하거든요. 저는 이후에 상대방이 한 말을 곱씹으며 쓴소리인지 잔소리인지 생각해봅니다. 만일 상대방의 말이 쓴소리라고 판단되면 전화나 SNS로 감사 인사를 전합니다. 하지만 잔소리라고 생각되면 그냥 흘려버리죠. 일단 판단을 유보하고 듣는 것이 중요합니다. 듣는 연습만으로도 쓴소리에 대한 내성을 키울 수 있습니다.

트로이 사람들이 카산드라의 쓴소리를 잘 들었다면 멸망을 피할 수 있지 않았을까요? 아가멤논도 어쩌면 죽음을 피할 수 있었을 지도 몰라요.

카산드라는 자신이 쓴소리를 한다고 생각했지만, 트로이 사람들에겐 잔소리로 들렸을 겁니다. 그러니 아무리 쓴소리를 해도 소용없던 것이죠. 혹시 여러분 주변에 쓴소리가 필요한 사람이 있나요? 그렇다면 쿠션 화법과 긍정&부정 화법을 잘 활용해보세요. 반대로 나에게 쓴소리하는 사람이 있나요? 그렇다면 여러분이 아직 편협한 사람이 아니라는 뜻입니다. 쓴소리를 받아들이고 성장할 기회가 더 있다는 거죠. 만일 나에게 쓴소리하는 사람이 아무도 없다면, 한번쯤 자신을 돌아보길 바랍니다.

좋은 약은 입에 쓰나 병에 이롭고,
충직한 말은 귀에 거슬리나 행동에 이롭다.

- 사마천

직장 상사와
잘 지낼 수 있을까요?

프로메테우스 Prometheus
최초로 인간을 창조한 신이다.
뛰어난 예지 능력을 갖고 있으며,
인간을 사랑하지만 훗날 인간을 돕다가
제우스에게 벌을 받는다.

프로메테우스
귀스타브 모로 | 1868

귀스타브 모로Gustave Moreau는 프랑스 상징주의 화가로 성서와 신화 속 이야기를 많이 그렸습니다. 이 그림은 〈프로메테우스〉입니다. 결박되어 있는 그림 속 주인공이 인간을 창조한 신 프로메테우스입니다. 그런데 프로메테우스 옆에 간을 쪼아먹는 독수리가 보이나요? 그는 왜 이런 일을 당하고 있을까요?

  뭔가 엄청난 잘못을 저질렀나 보군요.

  신화에 따르면 낮이 될 때 독수리가 와서 프로메테우스의 간을 쪼아먹는다고 합니다. 그리고 다음날 다시 와서 똑같은 행동을 합니다. 그 다음날도, 다음날의 다음날에도 독수리는 어김없이 찾아옵니다. 그런데도 프로메테우스의 간은 없어지지 않습니다. 신은 불멸의 존재라 밤이 되면 간이 회복되기 때문이죠. 프로메테우스는 영원히 독수리에게 간을 쪼아 먹히는 신세인 것입니다. 만약 여러분이 프로메테우스의 상황이라면 어떤 생각이 들까요?

  당연히 너무 괴롭겠죠. 누가 저런 벌을 내렸는지 모르겠지만, 저라면 벌을 내린 사람을 찾아가 얼른 용서를 빌 것 같아요.

  생살을 쪼아 먹히는 고통이라면, 아마 대부분의 사람들이 이를 견디지 못하고 용서를 구하지 않을까요? 그런데 그림 속 프로메테우스의 얼굴을 보면, 용서를 빌 것 같지는 않습니다. 나는 당당하다고 말

하는 듯한 눈빛에서 오히려 강력한 의지가 드러나는데요. 그렇다면 프로메테우스는 어떤 신일까요? 프로메테우스의 프로Pro는 그리스어로 '앞'을 뜻합니다. 그리고 메테우스Metheus는 '지혜로운 자', '생각하는 자'를 의미하고요. 프로메테우스 이름에는 '앞을 내다보며 생각하는 지혜로운 자'라는 뜻이 담겨있습니다.

일종의 예언자군요.

그렇죠. 앞서 제우스의 아버지이자 신들의 왕이었던 크로노스가 권력을 유지하기 위해 자식들을 모조리 잡아먹었다는 이야기를 들려드렸는데요. 아버지의 잔인한 모습에 반발한 제우스가 그를 몰아내려, 들고 일어났죠. 이때 많은 신들이 당시 권력자인 크로노스 편에 섰습니다. 특히 크로노스와 같은 세대인 티탄 신들은 대부분 크로노스를 도왔고요. 하지만 프로메테우스는 티탄 신임에도 불구하고 제우스를 도왔습니다. 특히 프로메테우스의 뛰어난 예지력은 제우스가 전쟁에서 승리하고 왕위를 차지하는 데 큰 도움이 되었습니다.

프로메테우스는 전쟁을 승리로 이끈 1등 공신인 셈이네요. 제우스가 프로메테우스에게 많이 고마워했겠죠?

글쎄요. 역사적으로 봤을 때 공신을 오히려 제거하는 경우가 많습니다. 혹시 '토사구팽兎死狗烹'이라는 말을 들어본 적 있나요? 교활한 토끼가 잡히고 나면 충실했던 사냥개도 쓸모가 없어져 잡아먹게 된다는 뜻입니다. 제우스는 걸출한 재능을 가진 프로메테우스를 경계했습니다. 만약 프로메테우스가 다른 마음을 먹고 자신을 공격하면 큰 위협이 되기 때문입니다. 제우스는 프로메테우스를 권력에서 배제하거나 아예 제거하고 싶었습니다. 하지만 제아무리 권력자라도 함부로 공신을 몰아낼 수는 없는 노릇이었죠.

제우스는 신들의 왕이 되었는데, 왜 마음대로 할 수 없는 건가요?

만약 아무런 명분 없이 프로메테우스를 몰아내면 어떻게 될까요? 그동안 제우스 편이었던 다른 신들의 의심과 반감을 사게 될 겁니다. 신들은 자신도 언제든 그렇게 될 수 있다고 생각하게 될 것이고, 제우스를 은혜도 모르는 신이라고 비난했겠죠. 자칫하면 반란으로 이어질 수도 있고요. 그래서 제우스는 호시탐탐 프로메테우스를 몰아낼 기회를 찾았으나 실행에 옮기지는 못했습니다. 그런데 마침 절호의 기회가 찾아왔습니다. 프로메테우스가 제우스를 속이고 인간을 도와준 것입니다. 두 가지 사건인데요. 일명 '가짜 소고기 사건'과 '인간 불 전달 사건'이라고 부릅니다.

가짜 소고기와 불 전달이요? 제목만 들어도 흥미진진하네요.

제우스는 프로메테우스와 그의 동생 에피메테우스Epimetheus에게 모든 생명체를 창조하라고 명령했습니다. 이때 두 신은 역할을 나누었는데요. 프로메테우스는 인간을 만들고, 에피메테우스는 동물을 만들었습니다. 그리고 모든 생명체에게 능력을 나눠주었습니다. 에피메테우스가 동물에게 능력을 줄 때 프로메테우스는 인간에게 나눠줄 능력은 남겨 놓으라고 부탁했습니다. 하지만 에피메테우스는 형의 부탁을 잊고 모든 능력을 동물들에게 나눠주고 말았습니다. 그리스어로 에피Epi는 '이후', '나중'을

불을 운반하는 프로메테우스
얀 코시에르 | 1637

뜻하는데요. '나중에 생각하는 자'라는 이름처럼 에피메테우스는 항상 일을 저지른 다음 후회하죠. 하지만 프로메테우스는 좌절하지 않았습니다. 프로메테우스는 인간에게 불을 전해주어, 신체적 능력이

동물처럼 뛰어나지 않아도 동물을 지배할 수 있도록 만들었습니다.

어쩌면 프로메테우스가 동생의 실수까지 예견하고 미리 불을 준비했을지도 모르겠네요. 불을 사용한 덕분에 인간은 엄청나게 발전했잖아요.

맞습니다. 그래서 제우스는 인간과 협정을 맺어 신들에게 제물을 바치게 했습니다. 인간을 창조한 신에게 감사의 마음과 더불어 실질적인 물질로 공경을 표현하라는 것이었죠. 그래서 인간은 소를 준비해서 제물로 바치려 했습니다. 그런데 이때 소의 어떤 부위를 신에게 바쳐야 좋을지 고민하게 되었습니다. 좋은 부위를 제물로 바치기엔 아깝고, 그렇다고 나쁜 부위를 바치면 벌을 받을까 걱정이 됐던 것이죠.

이런 경우 상대방이 선택하도록 하면 별다른 문제가 생기지 않더라고요.

제우스는 당연히 좋은 부위를 달라고 했겠죠? 그런데 이때 프로메테우스가 꾀를 냅니다. 프로메테우스는 인간이 좀 더 좋은 고기를 먹길 원했습니다. 자신이 창조한 인간을 사랑했거든요. 그래서 제물을 바칠 때 동물의 뼈에는 윤기가 흐르는 비계를 감싸고, 질 좋은 고기와 내장은 볼품없는 소가죽으로 감싸게 했습니다. 그리고는 제우스에게 두 종류의 고기 중 제물로 가져갈 고기를 고르라고 했습니다. 제우스는 겉모습만 보고 별생각 없이 비계를 감싼 뼈를 선택했죠. 그 후 인간들은 신들에게 제물을 바칠 때는 뼈를 바치고, 의식이 끝나면 맛있는 고기와 내장을 구워 먹었습니다.

인간을 아끼는 프로메테우스의 마음이 느껴지네요. 그런데 제우스가 이 사태를 알게 되면 절대 가만히 있지 않을 것 같은데요.

사실을 알게 된 뒤 제우스는 분노했습니다. 하지만 여전히 프로메테우스에게 벌을 내리기엔 부족하다고 생각했죠. 제우스는 화를 꾹 참고 인간들에게만 벌을 내렸습니다. 제우스는 이전에 인간에게 전해주었던 불을 다시 빼앗아왔습니다. 사실 제우스는 평소 불을 사용하여 빠르게 발전하는 인간의 모습을 그리 좋게 보지 않았거든요. 그래서 이번 사건을 빌미로 다시 빼앗은 것이죠. 불이 없어진 인간들의 삶은 피폐해졌습니다. 인간들은 구운 고기를 먹을 수도 없고, 추운 겨울에는 벌벌 떨면서 지내야 했습니다. 프로메테우스는 차마 그런 모습을 지켜만 볼 수 없었습니다. 인간을 사랑한 신, 프로메테우스는 다시 불을 훔쳐다 인간들에게 전해주었습니다.

프로메테우스는 제우스가 두렵지도 않은 걸까요? 그 다음에는 어떻게 되었나요?

인간에게 불을 다시 돌려준 일은 명백히 프로메테우스의 잘못이었습니다. 이는 왕인 제우스의 권력에 대한 도전과도 같았죠. 이번에는 제우스도 참지 않았습니다. 제우스는 프로메테우스에게 직접 벌을 내렸는데요. 독수리에게 매일매일 간을 쪼이는 고통을 당하게 했습니다.

그림이 바로 이 상황을 묘사한 것이군요. 끔찍한 벌을 받은 프로메테우스가 제우스에게 용서를 빌었나요?

예지력이 있는 프로메테우스는 자신이 용서를 빌어도 제우스가 풀어주지 않는다는 것을 알았습니다. 그래서 용서를 빌지 않고, 오히려 꾀를 냈습니다. 프로메테우스는 주변에 이런 말을 흘렸습니다. "제우스가 이제 곧 자식을 낳게 될 텐데, 그 자식으로 인해 왕의 자리에서 쫓겨날 것이다."

이를 들은 제우스는 경악했습니다. 다른 신의 말이라면 무시하고 말겠지만, 뛰어난 예지력을 가진 프로메테우스의 말을 무시하기는 힘들었겠죠. 제우스는 전령의 신 헤르메스를 보내 자신을 쫓아낼 자식이 누구인지 알려달라고 했습니다. 알려주지 않으면 더 큰 벌을 내릴 것이라고 협박까지 했죠. 과연 프로메테우스는 어떻게 했을까요?

자신에게 내린 벌을 취소하면 알려주겠다고 말하지 않았을까요?

프로메테우스는 제우스가 지금 받고 있는 벌을 취소하더라도, 이후에 다시 트집을 잡아 자신을 괴롭힐 거라고 생각했습니다. 제우스에게 믿음이 없던 것이죠. 프로메테우스는 일시적인 해방이 아니라 영원한 자유와 신뢰를 얻고 싶었습니다. 그리고 제우스와의 관계를 재정립하고 싶었죠. 그래서 프로메테우스는 무려 30,000년이라는 동안 비밀을 말하지 않고 버텼습니다.

30,000년이요? 상상하기 어려울 만큼 긴 세월이네요.

시간은 흐르고 또 흘러 제우스의 아들 헤라클래스가 태어났습니다. 장성한 헤라클래스는 영웅으로 성장하기 위해 12개의 과업을 해결했는데요. 이때 프로메테우스를 구하면서 11번째 과업을 이룹니다. 이를 계기로 제우스도 프로메테우스를 용서해 주었습니다. 이미 많은 시간이 지나기도 했고, 아들의 과업을 해결하는 데 도움을 주었기 때문입니다. 대신 풀어주기 전에 이전에 프로메테우스가 예언했던 '제우스를 쫓아낼 자식이 누구인가'에 대한 답을 알려달라고 했습니다. 이때 프로메테우스는 자신의 부탁을 들어주면 비밀을 말하겠다고 대답하죠.

과연 어떤 부탁일까요? 기대됩니다.

그의 부탁은 제멋대로 인간을 괴롭히지 말라는 것이었습니다. 제우스는 이를 지키겠다고 맹세했습니다. 그러자 프로메테우스는 바다의 여신 테티스를 가까이하지 말라고 조언했습니다. 테티스는 인간과 결혼하여 그리스 최고의 전사 아킬레우스Achilleus를 낳은 여신이기도 하죠. 제우스는 테티스를 좋아했지만, 프로메테우스의 조언에 따라 그녀를 가까이하지 않습니다.

결국 프로메테우스는 자신이 사랑하는 인간도 보호하고, 제우스의 신뢰와 자유까지 얻었습니다. 그의 고집이 대단하지 않나요? 우리는 프로메테우스가 보여준 모습을 통해 윗사람과 어떻게 관계를 맺어야 하는지 생각해볼 수 있습니다.

직장 상사와의 관계?
건강한 까칠함을 발휘하세요

연봉, 회사 위치, 과중한 업무 등 직장 생활을 어렵게 만드는 이유는 여러 가지가 있습니다. 그중 가장 까다로운 문제는 관계가 아닐까 싶습니다. 특히 직장 상사와의 갈등이 가장 힘들다고 하는데요. 왜 그럴까요? 성과급이나 업무 배정처럼 내가 필요하다고 생각하는 것들에 대한 권한과 접근을 직장 상사가 통제하는 경우가 많기 때문입니다. 그래서 직장 생활을 편하게 하려면, 직장 상사에게 호감을 사거나 적어도 미움은 받지 않아야 합니다. 그렇다면 어떻게 해야 직장 상사와 잘 지낼 수 있을까요?

직장 상사가 원하는 모습을 보여주면 되지 않을까요?

맞습니다. 그래서 많은 직장인들이 윗사람을 대할 때 일명 '맞장구 전략'을 자주 활용합니다. 맞장구 전략은 "네, 맞습니다.", "좋은 생각입니다."처럼 동의하는 말을 사용하면서 윗사람을 대응하는 방법입니다. 상당히 안정적인 전략이라고 할 수 있습니다. 윗사람에게 찍힐 걱정은 없으니까요. 그러나 맞장구 전략에도 단점이 있습니다. 만일 성격이 모난 윗사람을 만났을 때 맞장구 전략으로 대응하면 어떻게 될까요? 자칫 만만한 사람으로 보여 부당한 대우를 받을 가능성이 큽니다. 중요한 순간 상사에게 배제당하거나, 동료들과 비교하여 무시를 받거나 할 수 있다는 거죠.

만만하다는 뜻은 '부당하게 대우해도 별다른 불만은 표현하지 않을 것이다'라고 여긴다는 뜻이겠죠?

맞아요. 그래서 저는 맞장구 전략을 그리 추천하지 않습니다.

그럼 직장 상사를 어떻게 대하는 것이 좋을까요? 어떤 관계를 맺는 것이 좋을지 궁금합니다.

우리는 무의식적으로 직장 상사를 윗사람이라고 여깁니다. 그래서 직장 상사를 어려워할 때가 많죠. 그런데 생각해 보면, 직장 상사의 성과나 성공은 부하직원들이 어떻게 하는가에 달려 있지 않나요? 결국 마음가짐이 중요한 것입니다. 직장 상사와 내가 서로 필요한 존재라고 인식하면 갑을관계가 아닌 대등한 관계가 됩니다. 그런 인식을 갖고 직장 상사를 대해야 합니다. 그래야 직장 상사와 관계가 불편하지 않고, 인정도 받을 수 있습니다. 그 방법은 프로메테우스에게서 힌트를 찾을 수 있어요.

프로메테우스의 어떤 모습에서 찾아야 할까요?

프로메테우스는 제우스가 내린 벌로 고통을 겪었지만, 결국에는 제우스와 좋은 관계를 형성했잖아요. 서로를 인정하고 필요한 존재가 된 것입니다. 저는 프로메테우스의 이야기를 보며 양찬순 박사의 〈나는 까칠하게 살기로 했다〉*가 떠올랐습니다. 이 책에서는 '건강한 까칠함'에 대해 언급하고 있는데요. 건강한 까칠함은 눈치 보는 불안한 마음을 극복하고, 내 마음을 경제적으로 사용하는 방법입니다. 당당하고 소신 있게 내 생각을 표현하면서, 궁극적으로 원하는 바를 얻어낸 프로메테우스로부터 '건강한 까칠함'을 발견했습니다. 이를 잘 배운다면 직장 상사와 건강한 관계를 맺을 수 있을 겁니다.

이해는 되는데 막상 실천할 수 있을까 싶은데요. 상사에게 까칠함을 갖는다, 이게 참 어렵게 들리거든요. 그런 마음가짐을 가지려면 어떻게 해야 하나요? 능력을 키워서 언제라도 직장을 그만둘 수 있다고 생각하면 되나요?

---

* 양창순(2022). 나는 까칠하게 살기로 했다. 다산북스.

아니면 부업으로 돈을 많이 벌어 놓으면 될까요?

누구나 시도할 수 있는 방법으로 알려드릴게요. 일단 직장 상사에게 건강한 까칠함을 보이려면 기본적으로 상사에게 트집 잡히지 않는 자세가 전제되어야 해요.

기본적인 자세라면 구체적으로 어떤 것이 있을까요?

첫째, 인사를 잘해야 합니다. 인사는 상대방에 대한 기본적인 예의이기도 하죠. 인사를 잘하면 좋은 인상을 남길 수 있습니다. 이왕이면 웃으면서 반갑게 인사해보세요. 더 좋은 인상을 남길 수 있습니다.

둘째, 내가 잘못하면 "죄송합니다." 그리고 도움을 받으면 "고맙습니다." 이렇게 표현을 분명하게 해야 합니다. 보통 직장에서 오해가 불거지는 상황은 죄송할 때 죄송하다 말하지 않거나, 고마울 때 고맙다고 말하지 않아서 생기는 경우가 많죠.

그러네요. 직장에서 부서끼리 갈등이 생기거나, 부서 내에서 갈등이 생기기도 하는데요. 보통은 사소한 오해로 시작될 때가 많더라고요. 고맙다, 미안하다, 이런 표현만 잘 해도 오해가 줄어들 수 있겠어요.

셋째, 지각하지 않습니다. 아무리 능력이 뛰어나도 지각을 하면 좋게 보일 수 없어요. 만약 급한 일이 생겨서 지각할 상황이 발생하면 미리 연락해서 이유를 말해야 합니다. 절대로 회사에서 나에게 전화하는 상황을 만들지 마세요.

　마지막으로 중간 보고를 잘해야 합니다. 직장 상사가 지시한 일을 진행하면서 시간 날 때마다 틈틈이 진행 상황을 이야기하는 것입니다. 중간 보고를 하면 상사에게 잔소리를 듣거나 일이 더 늘어날까 봐, 중간 보고를 하지 않으려 하는 사람도 있는데요. 중간 보고를 하지 않으면 나중에 더 큰 문제가 발생할 수 있습니다. 사실 중간 보고는 책임을 분산하는 효과를 가져오기도 하거든요. 내가 업무 능력이 부족해도 중간 보고를 잘하면, 문제가 발생할 가능성이 줄어듭니다.

　알려주신 4가지 방법을 실천하면 당당한 자세를 갖는데 정말 큰 도움이 될 것 같아요!

　프로메테우스는 결단코 제우스에게 반란을 일으킬 생각이 없었죠. 그렇기에 오히려 당당하게 지낼 수 있었습니다. 내 마음이 당당해지려면 행동도 당당해야 합니다. 그러기 위해서는 직장 생활의 기본적인 규칙을 잘 지켜야 하고요. 혹시 그동안 직장 상사와 잘 지내기 어려웠나요? 그렇다면 프로메테우스의 건강한 까칠함을 잘 살펴보기 바랍니다.

흠집 없는 조약돌보다는
흠집 있는 다이아몬드가 낫다.

— 공자

곤향

네 번째 이야기

내 삶에 변화를 주고 싶어요

단순한 희망은 절망의 시작입니다

원칙과 융통성, 무엇이 더 중요할까요?

과정과 결과, 무엇이 더 중요한가요?

시작보다 끝이 더 중요합니다

◆

내 삶에
변화를 주고 싶어요

카오스Chaos와 코스모스Cosmos
카오스는 코스모스의 상대되는 말로,
그리스 신화에서는 태초에 처음 생긴 공허를 뜻한다.
카오스의 반대되는 말인 코스모스는 질서를 의미하며,
우주를 지칭하는 단어이다.

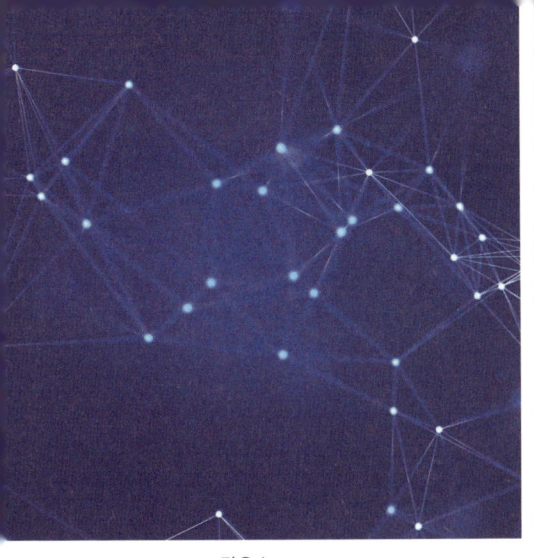 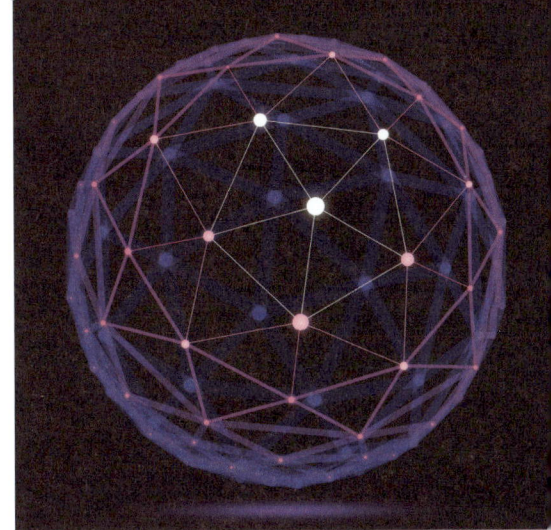

카오스   코스모스

여기 서로 다른 두 개의 그림이 있습니다. 그림을 보니 어떤 느낌이 드나요?

왼쪽은 무질서하게 느껴지고, 오른쪽은 질서정연해서 훨씬 편안하고 안정감이 느껴지네요. 무엇을 나타낸 그림인가요?

왼쪽 그림은 카오스를 상징하고, 오른쪽 그림은 코스모스를 상징합니다. 그리스 로마 신화에서 카오스는 만물 발생의 이전, 즉 혼돈과 불규칙한 원초 상태를 뜻합니다. 그리고 코스모스는 질서, 규칙성, 우주를 의미하죠. 이렇듯 두 단어는 서로 반대되는 의미로 사용합니다.

과거 그리스인들은 우주가 조화로운 구조를 이루고 있으며 질서 있게 운동한다고 생각했습니다. 그래서 우주를 코스모스라고 불렀던 것이죠. 반대로 카오스는 본래 '입을 벌리다'는 말로 텅 빈 공간, 공허를 나타냈습니다. 당시 그리스인들은 하늘과 땅 사이에 아무것도 없는 허공을 카오스라고 불렀습니다. 고대 그리스 시인 헤시오도스Hesiodos가 쓴 〈신통기〉*를 보면 이런 표현이 나오기도 하죠. "태초에 가장 먼저 카오스가 생겨났다."

보통 혼란스러울 때 카오스 상태라는 말을 많이 쓰잖아요. 그런데 카오스가 빈 공간이라는 의미가 있다니 색다르게 느껴지네요.

헤시오도스의 〈신들의 계보〉**에 따르면 태초의 4가지 힘은 자연적으로 나타났다고 합니다. 우선 카오스가 나타났고, 카오스의 공간 속에서 대지의 여신 가이아가 등장했습니다. 이후 지하 세계의 신 타르타로스와 사랑과 결합의 신 에로스가 등장하는데요. 이들은 모두 자연적으로 탄생했다고 합니다. 태초의 신들은 세상을 만들기 위해 자녀를 낳았습니다. 카오스는 홀로 어둠의 신 에레보스와 밤의 여신 닉스를 낳았고, 이 둘은 다시 빛과 대기의 신 아이테르Aether와 낮의 여신 헤메라Hemera를 낳았습니다.

세상이 만들어지는 과정을 신의 탄생으로 나타낸 것이군요.

대지의 신 가이아는 배우자 없이 하늘의 신 우라노스, 산의 신 우로

---

* 헤시오도스. 신통기.
** 헤시오도스. 신들의 계보.

내 삶에 변화를 주고 싶어요

스Ouros, 바다의 신 폰토스Pontos를 낳습니다. 이후 가이아와 우라노스 즉, 대지와 하늘의 결합으로 1세대 신이라고 불리는 티탄 신들이 태어나는데요. 여기서부터 우리가 흔히 알고 있는 그리스 로마 신들의 이야기가 본격적으로 시작됩니다.

태초의 시작을 비어 있는 공간으로 설정한 부분이 흥미로워요. 무엇이든 비어 있어야 채울 수 있잖아요.

저도 그 부분이 인상적이었습니다. 〈김헌의 그리스 로마 신화〉를 집필한 김헌 교수는 이에 대해 다음과 같이 말했습니다.

> "첫 구절이 매우 논리적이고 과학적입니다.
> 신화도 다 세상에 관한 이야기이고 존재에 관한 이야기이니,
> 존재를 논하려면 먼저 존재가 자리 잡을 공간을 깔고
> 시작해야 하지 않을까요?"

이 말을 듣고 그리스 로마 신화의 시작이 논리적이며, 삶을 꿰뚫는 철학을 담고 있다는 생각이 들었습니다. '역시 그리스인답다'라는 생각이 들었다고나 할까요? 그리스 로마 신화는 첫 장면부터 우리에게 많은 교훈을 줍니다.

변화를 주려면
비어 있는 공간이 필요합니다

바야흐로 100세 시대가 되었습니다. 정년은 점점 짧아지고 노후는 더 길어졌지요. 이제 갓 입사한 직장인도 퇴임 이후의 삶을 걱정하게 되었습니다. 정년이 보장된 공무원 사회도 마찬가지입니다. 공무원은 월급이 적더라도 노후가 안정적인 직업으로 여겼는데, 미래에는 공무원 역시 노후 보장을 장담할 수 없다고 합니다. 지금 퇴임한 선배들처럼 연금을 받을 수 없다는 것이죠. 그래서 요즘에는 개인 역량을 키우고자 노력하는 직장인이 많아졌습니다.

직장 생활을 하면서 또 다른 역량을 키우는 것이 쉽지만은 않을 텐데요.

직장을 다니면서 추가적인 활동을 병행하는 건 쉬운 일이 아닙니다. 추가적인 활동을 하기 위해 상당한 에너지가 필요하기 때문이죠. 풍요로운 미래를 꿈꾸며 현재를 희생하고 있는데, 이것이 언제까지 지속될지 알 수 없습니다. 무엇인가 도전할수록 오히려 삶의 여유가 사라져가니 회의감도 들고요.

그렇다면 어떻게 하는 것이 좋을까요?

우선 스스로에게 질문을 해야 합니다.

"무엇을 하는가?"

"왜 하는가?"

이 질문을 생략한 채 그저 열심히 일하는 것은 선로 위를 탈선하여 달리는 열차와 같습니다. 사람들은 대부분 얼마나 많이 이루는지, 그리고 얼마나 빨리 이루는지에 몰두하는 경향이 있죠. 하지만 일을 하기 전에 내가 무엇을 하는지, 왜 하는지에 대한 고민이 없다면 결국 삶은 황폐해지고 무너지게 될 겁니다.

독일의 신경정신과 의사 피터 베르거 Peter Berger는 '하던 일을 중단하거나 미룰 수 있는가'의 여부로 일 중독자와 건강하게 일하는 사람을 구분한다고 하는데요. 만일 지금 하는 일에 회의가 느껴지거나 몸이 상하는 것 같다면 일단 하던 일을 멈춰야 합니다. 그리고 내 삶에 비어 있는 공간인 카오스를 만들어야 합니다. 그래야 삶의 질서인 코스모스를 만들 수 있는 것입니다.

비어 있는 공간을 만들기 위해 퇴사하는 방법도 있겠네요.

직장을 그만두면 더 불안해질 수 있습니다. 그래서 저는 새로운 일을 시작하거나, 변화를 주고 싶을 때 휴가를 떠나라고 말합니다. 참고로 휴가를 뜻하는 Vacation도 '비우다'를 뜻하는 Vacant에서 나온 단어입니다. 그러니까 휴가는 나를 비우는 시간입니다. 제대로 휴가를 즐기고 싶다면 개인 PC나 SNS를 끊어보는 건 어떨까요?

나에게 온전히 집중하는 시간을 갖는 거죠. 만약 휴가를 떠나기 어렵다면 일상에서 작은 휴식을 꾸준히 실천하면서 나만의 빈 공간을 마련해야 합니다.

빈 공간을 만들라, 이 말이 마음에 참 와닿네요.

저는 아직 어린 두 아이를 키우는 아빠입니다. 그래서 홀로 휴가를 가거나, 장기간 혼자 있는 시간을 만들기가 어렵습니다. 그런데 욕심은 또 많아서 직장 생활, 육아, 대학원 박사 과정을 병행하며 모든 일을 잘 해내고 싶었죠. 시간이 흐르면서 점차 지치고 힘들어졌습니다. 어떻게 하면 좋을까 고민한 끝에, 작은 휴식을 통해 저에게 빈 공간을 마련해 주었습니다. 점심을 먹고 혼자 산책을 하거나, 아이를 재우고 책을 읽으며 생각을 정리할 수 있는 휴식 시간을 보낸 것인데요. 이 짧은 휴식만으로도 삶에 활력이 채워졌습니다.

삶의 변화나 새로운 도전을 원한다면 나의 몸과 마음에는 공간이 필요합니다. 그리고 공간을 가지려면 휴식이 필요합니다. 그리스인의 지혜가 놀랍지 않나요? 신화의 첫 시작을 카오스라는 비어 있는 공간으로 설정했으니까요.

내 삶에 코스모스를 만들고 싶나요? 그렇다면 우선 나만의 카오스를 만들어보세요. 몸과 마음에 비어 있는 공간을 만든 뒤, 거기에 무엇인가를 채우길 바랍니다.

있음은 이로움을 위한 것이지만,
없음은 쓸모가 생겨나게 하는 것이다.

— 노자

◆

단순한 희망은
절망의 시작입니다

판도라 Pandora
그리스 신화에 나오는 최초의 여성이다.
판도라 상자는 인류의 불행과
희망의 시작을 나타내는 대표적 상징이다.

판도라
존 윌리엄 워터하우스 | 1896

존 윌리엄 워터하우스John William Waterhouse의 〈판도라〉입니다. 그는 고대 그리스 신화에 나온 여성들을 묘사한 화가로 유명한데요. 그의 그림은 창조한 세계를 보이는 그대로 그리는 라파엘 전파 학풍을 이어받았습니다. 그래서 워터하우스의 그림을 보면 신화 속으로 빠져드는 느낌을 줍니다. 그림을 보면 한 여인이 조심스럽게 상자를 열어보고 있는데요. 과연 상자 속에는 무엇이 들어있을까요?

상자가 무척 고급스러워요. 엄청난 금은보화가 들어있지 않을까요?

혹시 "판도라의 상자가 열렸다."라는 말을 들어본 적 있나요? 드러나서는 안 되는 비밀이 폭로되거나, 알려지면 안 되는 이야기가 밝혀져 나쁜 상황에 처할 때 사용하는 표현입니다. 그림 속 여인의 이름은 판도라이며, 그녀는 열어서는 안 되는 상자를 조심스럽게 열고 있습니다. 말 그래도 판도라의 상자가 열리고 있는 것입니다.

상자를 열면 안 되는 이유가 있나요?

상자에 아주 큰 비밀이 숨겨져 있기 때문이죠. 이 비밀은 여성의 탄생 과정을 살펴봐야 알 수 있습니다. 프로메테우스는 제우스의 명령으로 인간을 만들었고, 그의 동생 에피메테우스는 동물을 만들었는데요. 처음 창조된 인간은 아무런 능력도 없었고, 동물보다 더 비참한 존재로 살았다고 합니다. 이를 안타깝게 여긴 프로메테우스가 인간에게 생각을 교환하는 법, 짐승을 부리는 법 등 살아가는 데 필요한 지혜를 가르쳤습니다.

프로메테우스는 언제나 인간이 인간다운 삶을 살 수 있도록 도와주었네요. 인간에 대한 애정이 정말 큰 신인 것 같아요.

그렇지만 그 애정으로 인해 프로메테우스는 큰 고난을 겪었죠. 신들의 왕 제우스는 원래 인간에게 불을 주는 것을 허락하지 않았다고 합니다. 아무래도 인간이 불을 가지면 신처럼 강력한 힘을 갖게 될까 두려웠던 모양입니다. 제우스의 명령을 거부하고 불을 훔쳐 인간에게 건넨 프로메테우스는 결국 제우스의 분노를 사 고통스러운 형벌을 받게 됩니다.

앞에서 들었던 이야기가 기억이 나요! 프로메테우스는 독수리에게 간을 쪼아먹히는 형벌을 받았었죠. 그럼 혹시 인간도 벌을 받았나요?

제우스는 인간에게 벌을 주기 위해 여성을 만들었어요. 프로메테우스가 처음 인간을 만들었을 때, 인간 세계에는 남자밖에 없었거든요. 제우스는 대장장이 신 헤파이스토스에게 여성을 만드는 임무를 맡깁니다.

여성이 어째서 인류에게 벌이 되나요?

현재의 관점에서는 당연히 말이 되지 않습니다만, 고대에는 남녀평등이라는 사고 자체가 존재하지 않았습니다. 그래서 나쁜 일이 일어나면 여자가 원인이라고 여기는 경향이 있었죠. 성경에서도 태초의 여인 하와가 아담에게 고통의 원인이 되잖아요? 그리스 로마 신화도 마찬가지입니다.

이제야 좀 이해되네요. 남녀평등이나 인권은 19세기 후반부터 시작됐으니까요. 시대상을 감안해서 들어야겠어요.

제우스의 명령으로 최초의 여성이 탄생하고, 이때 많은 신들이 찾아와 그녀에게 선물을 주었습니다. 신과 닮은 모습의 인간 여성이 생겨서 기뻤던 걸까요. 아테나는 여성에게 눈처럼 눈부신 옷을 입히며 베일을 씌워 주었고, 머리에는 화관을 얹고 금빛 댕기를 매어 주었습니다. 전령의 신 헤르메스는 그녀에게 재치와 말재간을 주었으며, 사랑의 신 아프로디테는 온갖 아름다움과 함께 아무도 거부할 수 없는 교태를 선사했죠. 마지막으로 제우스는 판도라에게 호기심을 선물했습니다. 그리하여 모든 Pan 선물 Dora을 다 받은 자를 의미하는 이름을 가진 여성, 판도라 Pandora가 탄생했습니다. 이후 제우스는 판도라를 인간 세계로 보냈죠.

다른 신의 선물과 다르게 제우스의 선물은 함정이 있을 것 같아요.

단순한 희망은 절망의 시작입니다

제우스가 준 호기심은 훗날 큰 재앙의 씨앗이 됩니다. 신들의 선물 공세가 끝난 뒤 제우스는 프로메테우스의 동생 에피메테우스에게 판도라를 선물로 주었습니다. 프로메테우스는 이전부터 제우스를 경계했기 때문에, 동생에게 미리 "제우스가 주는 선물은 아무것도 받지 말라."고 경고를 했는데요. 에피메테우스는 아름다운 판도라를 보자마자 형의 경고를 새까맣게 잊어버리고 말았습니다. 판도라에게 반한 에피메테우스는 그녀를 아내로 맞이했습니다. 그렇게 두 사람은 행복한 나날을 보냈죠.

그런데 에피메테우스 집에는 절대로 열면 안 되는 상자가 있었습니다. 상자에는 인간을 괴롭히는 고통, 질병, 노화, 배고픔과 같은 각종 재앙이 들어있는데요. 프로메테우스가 인간을 만들면서 이들의 행복을 위해 상자 속에 가둔 것이었죠. 프로메테우스는 에피메테우스에게 절대 상자를 열어보지 말라고 경고했고, 에피메테우스도 판도라에게 절대로 상자를 열지 말라고 부탁했습니다. 판도라는 과연 어떤 선택을 했을까요?

하지 말라고 하면 더 하고 싶잖아요. 호기심을 참지 못하고 상자를 열었을 것 같아요.

사람 심리가 다 똑같은 것 같습니다. 판도라는 호기심을 참지 못하고 상자를 열어버렸습니다. 그러자 거기에 있던 온갖 재앙이 밖으로 쏟아져 나왔죠. 깜짝 놀란 판도라가 황급히 뚜껑을 닫았지만 이미 때는 늦었습니다. 그녀의 실수로 인간들은 병에 걸리게 되었고, 늙게 되었으며, 배고픔과 고통을 겪게 되었습니다. 그런데 다행히 아직 상자에서 나오지 않은 것이 하나 있었습니다. 바로 희망입니다. 신화에 따르면 인류에게 희망이 남아있어, 아무리 재앙을 겪어도 극복해 낼 수 있다고 합니다.

  그런데 궁금한 점이 있어요. 어째서 상자 속에 희망이 있던 걸까요? 희망은 긍정적인 단어 아닌가요?

  저도 그 부분이 의아했어요. 재앙을 모아 둔 상자에 왜 희망이 들어있던 걸까? 아마도 중의적인 표현이 담긴 재앙도 함께 들어있던 것 아닐까 싶습니다. 긍정과 부정의 의미를 함께 내포하는 질투라는 단어처럼, 희망 역시 긍정적인 면과 부정적인 면이 모두 있는 단어라고 생각했습니다.

무의미한 희망은 절망과 같습니다

  여러분, '파랑새' 하면 어떤 이미지가 떠오르나요?

  파랑색은 시원하고 밝은 느낌을 주잖아요. 무언가 긍정적이고 좋은 이미지가 연상이 됩니다.

다수의 문학 작품과 드라마에서 파랑새는 희망, 행복과 같은 긍정적이고 밝은 이미지로 사용되고 있습니다. 그런데 좋은 이미지로 여겨지는 파랑새와, 증후군이라는 말이 만나면 파랑새의 원래 이미지가 변하게 됩니다. '파랑새 증후군', 과연 긍정적인 뜻일까요? 아니면 부정적인 뜻일까요?

헷갈리네요. 증후군은 보통 원인이 명확하지 않은 병적인 증상을 말하잖아요. 파랑새 증후군은 정확히 어떤 증상을 나타내나요?

파랑새 증후군은 밝은 미래와 행복에 대한 몽상이 과해서, 현재의 할 일에 열정을 느끼지 않는 증상을 말합니다. 예를 들어 "나는 언제든 좋은 직장에 갈 수 있어."라고 생각하면서 노력 없이 잦은 이직을 반복하거나, 지금 하는 일에 아무런 의욕이나 열정을 보이지 않는 모습을 보이는 사람이 이에 해당합니다.

파랑새 증후군은 마테를링크Maeterlinck의 동화극 〈파랑새〉에서 유래했습니다. 이 동화는 '꿈과 희망은 먼 곳이 아닌 가까운 곳에 있다'는 교훈을 주는 동화입니다. 그런데 사람들은 꿈과 희망을 먼 곳에서 찾아 헤매곤 하죠. 그래서 이런 행동을 보이는 사람을 파랑새 증후군이라고 부르기 시작했습니다.

쉽게 말해 말도 안 되는 희망을 품으며 현실을 외면하거나 지나치게 불평하는 것을 파랑새 증후군이라고 하는군요. 현실에 안주할 필요도 없지만,

그렇다고 어처구니없는 희망을 품는 것도 경계해야겠어요.

　흔히 희망은 고통을 이겨내는 힘이라고 말합니다. 희망을 갖고 노력하면 아무리 어려운 일도 극복할 수 있다고 말이죠. 이렇듯 희망은 보통 긍정적인 뜻으로 사용합니다. 그러나 희망이 부정적으로 쓰일 때도 있습니다. 마치 파랑새 증후군이라는 단어가 부정적인 뜻이 된 것과 비슷합니다. 심지어 희망이 부정적인 의미를 내포하면 절망에 빠져들게 만드는 힘도 갖고 있습니다. 혹시 '희망의 끈을 놓지 말라'는 말을 들어본 적 있나요? 어떤 일을 하면서 실패할 확률이 높아질 때 격려하는 말인데요. 성공할 가능성이 전혀 없는 상황에서는 오히려 시간 낭비가 될 수 있습니다.

　그래도 우리가 평소 꽤 자주 사용하는 말 아닌가요? '끝까지 포기하지 마라', '끝날 때까지 끝난 것이 아니다', 이렇게 말하기도 하고요. 희망이 시간 낭비라는 건 너무 지나친 해석 아닐까요?

　어떤 일을 할 때 희망을 버리고 무작정 포기하라고 말하는 것이 아닙니다. 희망을 품으려면 노력했던 과정을 진지하게 성찰해야 합니다. 노력도 하지 않았는데 좋은 결과를 바란다면, 그건 요행을 바라는 것일 뿐입니다. 무의미한 희망인 거죠. 만일 큰 병에 걸린 환자가 병을 치료하기 위해 금연, 금주, 식이요법을 병행하고 있다고 상상해 볼까요? 이 환자가 병이 치료되길 원한다면 희망은 긍정적인 의미로 사용될 수 있습니다. 그러나 병에 걸렸음에도 담배를 피고 술을 마시며 평소처럼 지내고, 그러면서 병이 나아지길 바란다면 희망을 품어본들 무의미할 것입니다. 그럼 이 환자가 가진 희망은 부정적인 의미가 되겠지요.

희망에만 기대고, 변화를 위한 노력을 하지 않는다면 희망이 부정적으로 변할 수 있다는 말이군요.

무의미한 희망은 떨쳐내기 쉽지 않다는 점에서 우리를 더욱 힘들게 하죠. 무의미한 희망은 곧 절망으로 바뀌면서 오히려 우리를 좌절하게 만듭니다. 소설 〈재벌집 막내아들〉*에는 희망의 부정적인 뜻을 가장 잘 보여주는 글이 있습니다.

희망은 잔인하다. 불가능이란걸 알지만
희망 때문에 온갖 고난을 견디며 힘들게 기다린다.
판도라의 상자 속에는 온갖 재앙이 가득 들어있지만
가장 큰 재앙은 바로 희망이다 희망 때문에
상자 속의 온갖 재앙을 고스란히 겪어야 한다.

* 산경(2022). 재발집 막내아들. 테라코타.

그동안 희망을 막연하게 긍정적으로만 생각했던 것 같네요. 단순한 희망을 경계하려면 자신이나 주변의 모습을 최대한 객관적으로 바라보기 위해 노력해야겠어요.

애니메이션 영화 〈뮬란〉에는 행운을 상징하는 귀뚜라미가 등장합니다. 뮬란의 할머니는 귀뚜라미의 효용을 증명하기 위해 눈을 감고 마차가 오가는 복잡한 도로를 건너죠. 다행스럽게도 할머니는 무사히 길을 건너고, 귀뚜라미는 행운의 상징이 됩니다. 그런데 귀뚜라미가 진짜 행운의 상징이었을까요? 그렇지 않습니다. 그건 그냥 우연일 뿐입니다. 만일 귀뚜라미만 믿고 매번 같은 방식으로 도로를 건넌다면 머지않아 큰 사고를 당할지도 모릅니다. 영화의 주인공 뮬란은 결코 행운의 귀뚜라미를 믿지 않았습니다. 그녀는 자신의 노력으로 흉노족을 물리치고 나라를 구했습니다. 만약 뮬란이 귀뚜라미만 믿고 있었다면 위기에 빠진 조국을 구하지 못했을 겁니다.

판도라의 상자 속 희망은 두 얼굴을 지녔다 할 수 있겠습니다. 재앙이 모인 상자 속에 담겨 무의미한 희망만 갖고서 노력하지 않는 사람들에 대한 경계를 나타내고 있는 건 아닐까요? 아무런 노력 없이 결과를 바란다면 그 끝은 틀림없이 절망일 겁니다. 부디 판도라 상자 속 희망이 우리에게 주는 교훈을 잘 새기길 바랍니다.

희망은 백일몽이다.

- 아리스토텔레스

원칙과 융통성,
무엇이 더 중요할까요?

프로크루스테스 Procrustes
여행객을 유인하는 도적이자 연쇄 살인범이다.
지나가는 여행객에서 친절을 베풀고
잠자리를 제공하여 안심시킨 후,
여행객이 침대에 누우면 살해한다.

프로크루스테스와 테세우스
작자 미상 | 시대 미상

옛 그리스인들은 도자기에 신화 이야기를 새겼습니다. 오늘날 우리는 당시 도자기나 도자기 파편 등의 유물에 새겨진 그림을 발견할 수 있는데요. 지금 보시는 그림도 도자기에 새겨진 이야기의 한 장면입니다. 건장한 남자가 도끼를 들고 장발의 남자를 위협하고 있습니다. 그는 왜 이런 행동을 하고 있을까요?

도끼를 내려치는 사내의 표정이 결연한데요? 반면 왼편의 장발 남자는 살려달라는 듯 팔을 뻗고 있네요. 마치 "안돼!"하고 외치는 소리가 들리는 것처럼 생동감이 넘쳐요.

도끼를 든 사내는 아테네 도시의 영웅 테세우스Theseus이고, 장발의 남자는 도적이자 연쇄 살인범인 프로크루스테스Procrustes입니다. 테세우스는 어쩌다 도끼를 들고 프로크루스테스를 죽이려 드는 것일까요? 테세우스의 탄생에 얽힌 비밀을 이야기해 드리겠습니다.

테세우스의 아버지이자 아테네의 왕 아이게우스Aegeus는 오랫동안 자식이 없었습니다. 그래서 신탁을 받기 위해 델포이로 갔습니다. 그런데 그가 받은 신탁이 어째 좀 난해했습니다. 신탁은 "가장 탁월한 자여. 그대는 아테네 정상에 이를 때까지 포도주를 담는 가죽 포대의 돌출된 아가리를 풀지 말지어다."라고 말했습니다. 아이게우스는 신탁의 의미를 정확히 알 수 없었습니다. 그는 아테네로 돌아가던 중 친구 피테우스Pittheus가 다스리는 트로이 왕국을 찾아갔고, 자신이 들은 신탁을 이야기했습니다. 그런데 피테우스는 신탁이 전하고자 하는 바를 알아차렸습니다. 그래서 아이게우스를 취하게 한 다음 자신의 딸 아이트라Aethra와 동침하도록 했습니다. 신탁을 해석해보면 이는 곧 '아이게우스는 위대한 아이를 낳는다'는 뜻이었거든요.

이후에도 두 사람이 함께 행복하게 지냈나요?

테세우스와 아이트라
로랑 드 라 이르 | 1934~1936

아이게우스는 아테네의 왕이었으므로, 아테네를 오래 비울 수 없었습니다. 오랫동안 왕국을 떠나면 무슨 일이 생길지 몰랐기 때문입니다. 그래서 아이게우스는 큰 바위 안에 자신의 칼과 샌들을 징표로

넣고, 아이트라에게 "아들이 태어나면 아이에게 징표를 가지고 아테네로 오라고 하시오."라는 말을 남기고 떠났습니다.

이야기를 듣다 보니 우리나라 주몽 신화와 비슷하네요.

신화 속 스토리텔링은 어디나 조금씩 비슷한 면이 있죠. 아이게우스와 아이트라의 아들 테세우스는 어느새 무럭무럭 자라나 성인이 되었습니다. 테세우스는 어머니의 이야기를 듣고 아버지가 남겨 둔 징표를 찾았습니다. 그리고 아버지 아이게우스를 만나러 아테네로 떠나기로 했죠. 참고로 트로이에서 아테네로 가는 길은 해로와 육로가 있었는데요. 여러분이라면 어떤 길을 선택할 건가요?

저라면 어느 쪽이든 더 쉬운 길을 택할 거예요. 쉬운 길로 빨리빨리 가야 아버지를 만날 수 있으니까요.

테세우스가 길을 떠나던 당시에는 바닷길이 훨씬 안전하고 수월했습니다. 그런데 테세우스는 쉬운 바닷길이 아닌 육지를 통하는 길을 선택했죠. 그는 왜 그런 선택을 했을까요? 만일 단순히 아버지를 만나려는 목적이었다면 해로를 고르는 편이 좋았겠죠. 그러나 테세우스는 후계자 자격을 얻기 위해 아테네로 떠나는 것이었습니다. 그래서 아버지와 아테네 시민들에게 자신의 모험심과 용맹함을 보여주어 왕이 될 자격이 있음을 알리고 싶었습니다.

실리보다 명분을 우선한 선택이었군요. 아들이라는 이유만으로 후계자가 되기에는 명분이 부족했을 것 같아요. 그렇다면 육로의 여정은 어땠나요?

육지로 가는 길은 험난했습니다. 테세우스는 아테네로 가는 길에 여섯 가지 과업을 수행했는데요. 그중 마지막 과업이 연쇄 살인범 프로크루스테스를 상대하는 일이었습니다. 프로크루스테스는 마치 평범한 사람인 것처럼 위장한 뒤 강도와 살인을 저질렀습니다. 근방에서 아주 악명이 높았죠. 그렇다고 그를 피하거나 물리치기도 쉽지가 않았습니다.

왜 그런가요? 프로크루스테스가 있는 곳을 피해가면 되지 않나요?

프로크루스테스는 아테네 인근 언덕에서 여관을 운영하며 친절한 태도로 여행객을 유인했거든요. 여관에 데려온 여행객이 잠들면 물건을 훔치고 살인을 저질렀습니다. 프로크루스테스의 범죄 방식은 참 잔혹하고 독특했는데요. 프로크루스테스의 집에는 철로 만든 침대가 있었습니다. 그는 여행객이 침대에 누워 잠들면 밧줄을 이용해 꽁꽁 묶었습니다. 그리고 여행객의 키가 침대보다 크면 도끼로 머리와 다리를 침대 크기만큼 잘라내고, 여행객의 키가 침대보다 작으면 망치로 두들겨 몸을 억지로 침대 길이에 맞게 늘여서 죽였습니다. 프로크루스테스의 여관에 머문 사람은 모두 죽었기 때문에, 사람들은 범인의 생김새조차 몰랐던 것입니다.

운 좋게 침대 길이와 키가 딱 맞아서 살아남은 사람이 있지 않았을까요?

여기서 함정이 있습니다. 프로크루스테스의 침대에는 길이를 조절하는 보이지 않는 장치가 있었거든요. 그래서 침대에 딱 들어맞는 사람은 아무도 없었고, 모두 죽게 되었습니다.

정말 사악하네요. 결국 누구나 여관에 오면 죽이겠다는 심보였네요. 테세우스는 어떻게 대처했나요?

험난한 여정에 피곤했던 테세우스 역시 별다른 의심 없이 프로크루스테스의 여관으로 들어섰습니다. 그리고 침대에 누워 잠이 들었죠. 얼마간 시간이 흐른 뒤 이상한 낌새를 눈치챈 테세우스가 일어나려 했지만, 이미 밧줄로 꽁꽁 묶여 몸을 일으킬 수 없었습니다. 프로크루스테스는 평소처럼 테세우스에게 다가가 도끼를 들고 그의 다리를 자르려고 했습니다. 하지만 테세우스는 헤라클레스와 버금가는 영웅이었기에, 보통의 여행객들과는 달랐습니다. 테세우스는 프로크루스테스가 다가왔을 때 밧줄을 끊고 그의 도끼를 피했습니다. 그리고 엄청난 사투 끝에 프로크루스테스를 제압했죠. 테세우스는 프로크루스테스가 저질렀던 방식과 똑같은 방식으로 그를 처벌했습니다. 테세우스 덕분에 아테네를 찾아오는 여행객들은 안전하게 언덕을 지나갈 수 있었습니다.

원칙과 융통성 사이에서
갈등 중입니다

　혹시 다른 사람의 말이나 상황은 고려하지 않고, 자신의 기준으로만 판단하는 사람을 만난 적 없나요? 마치 프로크루스테스처럼 말이죠. 서양에서는 자기 생각에 맞추어 남의 생각을 뜯어고치려는 행위를 '프로크루스테스의 침대'라고 말합니다. 융통성 없이 자신의 주장만 고집하면 남에게 큰 피해를 줄 수 있죠.

　하지만 직장을 다니다 보면 늘 융통성을 발휘하기 쉽지가 않아요. 원칙과 융통성이 충돌하는 상황이 많았거든요.

　원칙과 융통성을 서로 충돌하는 덕목이라 생각하기도 하죠. 그러나 이 둘은 개념만 다를 뿐 결국 함께 추구해야 할 덕목입니다. 직장에서 원칙만 고집하고 융통성을 버리면 주변 사람들의 호응을 얻을 수 없겠죠. 원칙은 사람마다 다른 법이니까요. 사람들은 원칙만 있고 융통성 없는 사람과 함께 일하기 싫어합니다. 어려운 일을 어렵게 하고, 쉬운 일도 어렵게 한다는 거죠. 반면 융통성만 내세우는 것도 그리 좋은 방법은 아닙니다. 어떤 일을 처리하든 기준이 없어 일의 방향을 잃고 우왕좌왕할 수 있습니다. 물론 융통성을 내세우면 처음에는 분위기가 좋을 수 있죠. 그렇지만 시간이 지날수록 일이 제대로 처리되지 않아 서로를 탓하기 바쁜 상황이 발생합니다. 그러므로 원칙과 융통성은 조화롭게 발휘해야 합니다.

두 마리 토끼를 잡으려다, 두 마리 모두 잃어버리는 꼴이 되면 어쩌죠? 어떻게 하면 원칙과 융통성을 조화롭게 발휘할 수 있는 건가요?

결론부터 말하자면, 원칙에 어긋나지 않는 한 융통성에 비중을 두어야 합니다. 중요한 일은 원칙에 따라 철저히 처리해야 하지만 사소한 일은 각자 성격에 맞게 융통성 있게 처리하도록 지켜봐야 한다는 거죠.

이때 원칙을 세우는 방법이 따로 있나요?

원칙을 세우는 방법은 내가 속한 환경이나 위치에 따라 다릅니다. 집에서 정한 원칙과 직장에서 정한 원칙이 같을 순 없겠죠. 각 직장의 특성마다 다를 수도 있고요. 그러므로 가정에서는 부모님을 보고 배운 점을 참고할 수 있고, 직장에서는 나의 경험이나 직장 선배의 모습에서 배운 점을 바탕으로 나만의 원칙을 세울 수 있습니다.

어릴 적 집에 걸려있는 가훈, 학창 시절 교실마다 붙여있는 급훈, 회사에서 볼 수 있는 사훈이 떠오르네요.

가훈, 사훈, 급훈처럼 어떤 원칙을 세울 때는 명문화하는 것이 중요합니다. 생각한 내용을 말로 표현하고 글로 남긴다면 원칙을 분명하게 지킬 수 있습니다. 이러한 원칙은 주변 사람들과 공유해야 하는데요. 이때 중요한 점이 있습니다. 우선 원칙을 세울 때는 '나만의 기준'이 있어야 하고, 이는 남들이 예측할 수 있는 기준에 따라야 합니다. 저 같은 경우는 학교에서 근무할 때 나만의 교육철학을 분명히 했습니다. 새로운 학교에서 근무하게 되거나 새로운 반을 맡을 때도 우선 교육철학을 세운 뒤 구성원들과 공유했습니다. 제가 세운 교육철학은 행복한 학교생활을 보내는 데 도움이 되었습니다. 직장에서 나의 철학을 세우고 그 기준에 맞춰 지내면 흔들리지 않는 원칙을 발휘할 수 있을 겁니다.

그런데 너무 원칙만 강조하면 고집스러워 보일 것 같기도 해요.

그래서 원칙을 세울 때 구성원과의 원활한 소통이 중요한 거죠. 나만의 철학을 세워 원칙과 융통성을 발휘하려 해도, 상대방이 동의하지 않으면 소용없습니다. 상대방과 소통하지 않으면 부작용이 생기게 되어있습니다. 우리 삶에서 일어나는 대부분의 갈등은 결국 소통 부족에서 시작합니다. 나 혼자 생각하고 결정한 뒤 "내 기준대로 원칙을 정하고 판단했으니, 아무 문제없어."라고 한다면 프로크루스테스의 모습과 다를 게 없겠죠. 따라서 나만의 철학을 세우더라도 충분한 소통을 통해 상대방의 동의와 공감을 얻어야 합니다.

역시 모든 일의 기본은 소통이네요.

일상에서도 마찬가지입니다. 원칙과 융통성을 적절하게 발휘하지 않는다면 상대방을 프로크루스테스의 침대에 눕힌 것과 다를 바 없겠지요. 나 역시 언젠가 입장이 바뀌어 그 침대에 누워 고통받을 수도 있는 것입니다 그러므로 나만의 철학을 분명히 한 뒤 원칙과 융통성을 조화롭게 발휘하기 바랍니다.

젊은이는 규칙을 알지만,
노인은 예외를 안다.

— 올리버 웬들 홈스

◆
과정과 결과,
무엇이 더 중요한가요?

메데이아 Medeia

콜키스 나라의 공주이자 유명한 마법사이다.
신화 속 영웅 이아손을 사랑하여
그를 도와주지만 결국에는 배신을 당하고,
이아손에게 무시무시한 복수를 하는 인물이다.

격노한 메데이아
외젠 들라크루아 | 1862

19세기 낭만주의 예술의 으뜸가는 대표자로 손꼽히는 외젠 들라크루아 Eugène Delacroix의 〈격노한 메데이아〉입니다.

그림 속 여인은 두 아이를 안고 한 손에는 칼을 들고 있는데요. 여인에게 어떤 사연이 있을까요?

처음에는 두 아이를 지키려는 엄마의 모습인가 했는데요. 아이들의 표정이나 여인의 품속에서 벗어나려는 동작을 보니 잔인한 상상이 떠오릅니다. 두 아이와 여인은 어떤 관계인가요? 혹시 여인이 아이들을 납치하기라도 했나요?

여인은 두 아이의 친모가 맞습니다. 그리고 그림 속 광경은 두 아이를 살해하려는 어머니의 모습을 묘사하고 있습니다.

정말요? 그녀는 왜 이런 끔찍한 일을 벌이려는 걸까요?

신화 속 이야기를 통해 이유를 알아보겠습니다. 여인의 이름은 콜키스 나라의 공주 메데이아입니다. 그녀는 그리스 로마 신화의 '아르고호' 원정을 이끈 영웅 이아손Iason의 아내입니다.

이아손은 처음 들어보는데 영웅으로 불릴 정도로 유명한가요?

신화에 따르면 이아손은 헤라클레스와 어깨를 나란히 하는 유명한 영웅으로 알려져 있습니다. 이아손은 그리스 도시국가 이올코스의 왕자로 왕의 뒤를 이을 후계자였지만 어린 나이에 부모를 잃었습니다. 그래서 삼촌 펠리아스~Pelias~가 이아손을 대신하여 나라를 다스렸습니다. 그런데 이아손이 장성한 뒤에도 펠리아스는 왕위를 양보하지 않았습니다. 임시직이었다 해도 왕위를 포기하기란 쉬운 일이 아니죠. 사실 펠리아스 본인이 물러나려 해도 주변에서 가만두지 않았을 겁니다. 권력이라는 것이 원래 한번 얻고 나면 잃고 싶지 않아지기 마련이니까요.

맞아요. 부모 자식 간에도 권력을 나눌 수 없다고 하는데, 하물며 삼촌은 어떻겠어요. 권력의 무서운 속성이죠.

그래도 이아손은 포기하지 않았습니다. 이아손은 자신이 응당 차지해야 할 왕위를 돌려달라고 계속해서 요구했습니다. 명분이 부족한 펠리아스는 이아손의 요구를 완전히 무시할 수 없었습니다. 그래서 펠리아스는 한 가지 계책을 세웠습니다. 그는 이아손에게 이렇게 제안했죠.

"콜키스 나라의 보물인 황금 양털을 가져오면 왕위를 넘기겠다."

그의 말에 이아손은 헤라클레스를 비롯한 당대의 그리스 영웅들을 불러 모아 원정대를 조직한 뒤 모험에 떠났습니다. 이것이 바로 아르고호 원정대, 이아손을 필두로 한 이아손 원정대가 탄생한 거죠. 사실 여러 명의 영웅들을 모아 원정대를 조직하는 것은 엄청난 정치력을 발휘하지 않으면 불가능한 일입니다. 이를 가능하게 했기 때문에 이아손이 영웅으로 불리죠. 이아손은 콜키스로 가는 도중 수많은 난관에 부딪혔으나 끝끝내 이겨내고 콜키스에 도착했습니다.

이아손이 황금 양털을 얻었나요?

이아손은 콜키스의 왕 아이에테스Aeetes에게 자신이 콜키스에 오게 된 사정을 설명한 뒤 황금 양털을 달라고 요청했습니다. 그러나 아이에테스로서는 자기 나라의 보물을 내주고 싶지 않았습니다. 줄 이유도 없었고요. 하지만 많은 영웅을 함께 데려온 이아손을 무시할 수는 없었습니다. 그래서 아이에테스는 이아손에게 어려운 과업을 주고, 이를 해결하면 황금 양털을 주겠다고 말합니다. 과업의 내용은 이러했습니다.

> "다른 영웅들의 도움 없이
> 입에 불을 뿜는 황소로 밭을 갈고,
> 용의 이빨로 씨앗을 뿌려라."

듣기만 해도 아이에테스가 부탁한 과업이 엄청 어려울 것 같네요.

어려운 정도가 아니라 혼자 힘으로는 불가능한 과업입니다. 이아손은 깊게 고민했지만, 아무리 생각해도 과업을 해결할 수 있는 계책이 떠오르지 않았습니다. 그렇다고 여기까지 와서 포기할 수도 없었고요. 그때였습니다. 곤란한 상황에 처한 이아손의 앞에 아이에테스의 딸 메데이아가 나타나 이렇게 말했습니다. "저를 아내로 맞이하겠다고 신에게 맹세한다면, 당신을 도와주겠어요." 과연 이아손은 어떤 선택을 했을까요?

무조건 메데이아의 조건을 받아들여야죠! 황금 양털을 차지할 수 있고, 공주와 결혼도 할 수 있는 걸요?

결국 이아손은 황금 양털을 얻기 위해 메데이아의 제안을 수락했습니다. 마법을 부릴 줄 알았던 메데이아가 이아손을 도와 그의 과업을 해결했죠. 불가능한 과업을 해결해내자 아이에테스는 깜짝 놀랐습니다. 하지만 약속을 지키고 싶지 않았죠. 아이에테스는 황금 양털을 주지 않으려고 이런저런 핑계를 늘어놓으며 시간을 끌었습니다.

이아손은 점점 초조해졌습니다. 그의 모습을 안타깝게 여긴 메데이아가 아버지 몰래 황금 양털을 빼돌려 이아손에게 가져왔습니다. 황금 양털을 손에 넣은 이아손은 메데이아와 함께 배를 타고 급히 고향으로 떠났죠. 이 사실을 알게 된 아이에테스는 크게 분노하며 군사를 보내 이아손을 추격했습니다. 얼마 지나지 않아 이아손은 아이

메데이아에게 영원한 사랑을 맹세하는 이아손
장 프랑수아 드 투루아 | 1742~1743

과정과 결과, 무엇이 더 중요한가요?

에테스의 군사에게 따라 잡혀, 꼼짝없이 붙잡힐 위기에 처했습니다.

그때 메데이아는 다시 한번 이아손을 도와주게 됩니다. 그것도 아주 잔인한 방법을 사용해서 말이죠.

잔인한 방법이라니, 어떤 것이었나요?

메데이아는 콜키스에서 도망칠 때 남동생을 납치해서 함께 데려갔습니다. 콜키스의 추격자들이 가까이 오자 메데이아는 자신의 남동생을 살해했습니다. 그리고 남동생의 시신을 토막 내어 바다에 던져버렸죠. 아들의 시신이 바다에 버려진 것을 본 아이에테스는 충격을 받았습니다. 결국 그는 추격을 포기하고 시신을 수습했습니다. 메데이아 덕분에 이아손은 무사히 탈출했고 고향으로 돌아왔습니다.

아무리 그래도 남동생을 살해하다니 너무 끔찍하네요. 고향에 돌아간 이아손은 왕위에 올랐나요?

펠리아스는 순순히 왕위를 넘겨줄 사람이 아니었습니다. 이아손이 황금 양털을 가지고 돌아오자, 펠리아스는 이아손을 아주 제거하기로 마음먹었습니다. 이를 알게 된 이아손은 당황했고, 메데이아에게 도움을 요청했습니다.

메데이아는 펠리아스의 딸들을 이용했습니다. 우선 펠리아스의 딸들을 초대하여 신기한 마법을 보여주겠다고 말했습니다. 메데이아가 보여준 마법은 늙은 양을 솥에 집어넣고 삶으면, 어린 양이 되는 신기한 마법이었습니다. 평소 아버지의 건강을 걱정했던 펠리아스의 딸들은 메데이아에게 아버지를 젊고 건강하게 만들어달라고 부탁했습니다. 메데이아는 선뜻 그러겠다고 약속하죠. 그래서 늙은 양에게 그랬듯, 펠리아스를 솥에 넣으라고 했습니다. 펠리아스의 딸들은 아버지가 잠에 들자 얼른 그를 솥에 집어넣고 삶았죠. 하지만 이때 메데이아는 양들에게 썼던 마법을 사용하지 않았습니다. 결국 펠리아스는 딸들의 손에 의해 끓는 물속에서 잔인하게 살해되었습니다.

이번에도 메데이아의 방식은 끔찍하고 잔혹했네요.

펠리아스가 죽었다는 소식에 이아손은 드디어 왕위에 오르고자 했습니다. 그러나 이올코스 주민들은 이아손이 왕이 되는 것에 찬성하지 않았습니다. 삼촌 펠리아스를 죽인 방식이 너무 잔인했기 때문입니다. 결국 이아손과 메데이아는 도시에서 쫓겨났고, 이리저리 떠돌다 코린토스라는 도시에 정착했습니다.

코린토스에 도착한 두 사람은 그 뒤로 어떻게 살았나요?

이아손과 메데이아는 약속대로 결혼했습니다. 그들은 아이 둘을 낳고 십여 년을 함께 살았습니다. 그런데 어느 날 코린토스의 왕 크레온Creon은 우연히 이아손을 보게 되었는데요. 사위로 삼고 싶을 정도로 이아손이 마음에 쏙 들었습니다. 그래서 크레온은 이아손에게 자신의 딸과 결혼해달라고 제안했습니다.

이아손은 당연히 거절했겠죠? 이미 조강지처도 있고, 아이도 있는 몸이잖아요.

이아손은 평소 권력에 욕심이 많았습니다. 아르고 원정대를 꾸렸던 이유도, 메데이아와 결혼했던 이유도 모두 권력을 얻기 위함이었으니까요. 결국 이아손은 메데이아를 버리고 크레온의 딸과 결혼하려 했습니다. 코린토스의 왕위가 탐났던 것이죠. 결혼을 결정하기 전, 이아손은 메데이아에게 자신의 의지를 보여주었습니다. 그의 말을 들은 메데이아가 과연 어떤 반응을 보였을까 상상이 가시나요?

지금까지의 모습을 보았을 때, 가만히 있을 메데이아가 아닐 텐데요. 이아손을 그냥 두지 않을 것 같아요.

이아손의 말에 메데이아는 말 그대로 복수심에 활활 불타올랐습니다. 그래서 여태까지 보여주었던 것보다 더 무서운 복수를 준비했습니다. 메데이아는 우선 이아손의 결혼을 허락했습니다. 그리고 결혼을 축하하는 의미로 이아손의 새로운 아내에게 머리띠와 옷을 선물로 보내죠. 이아손은 메데이아의 반응에 안심하고 결혼을 준비했습니다. 그러나 얼마 후 문제가 생겼습니다. 결혼식 전 크레온의 딸은 메데이아가 선물한 머리띠와 옷을 입어보았는데요. 머리에서는 불길이 솟아오르고, 옷은 몸을 죄며 살을 파고들었습니다. 코린토스의 왕 크레온이 딸을 구하려 했으나, 그도 공주와 함께 불길에 휩싸여 죽었습니다.

무시무시하군요. 메데이아라면 당연히 이아손에게도 복수를 했겠죠?

맞습니다. 다만 메데이아는 이아손을 죽이지 않았습니다. 죽음보다 더 깊은 고통을 남기려 했죠. 메데이아는 자신이 낳은 두 아들을 죽였습니다. 자신을 배신한 남편에게 가할 수 있는 가장 잔인한 복수라고 생각했기 때문입니다. 아이들이 죽는 모습을 지켜본 이아손은 절망했고, 시름시름 앓다가 죽었습니다.

과정과 결과, 무엇이 더 중요한가요?

과정과 결과 중 무엇이 더 중요하다고 생각하나요? 과정과 결과 중에서 하나를 선택하기란 쉽지 않습니다. 만일 그럼에도 꼭 하나를 선택해야만 한다면, 현재 겪고 있는 상황과 가치관에 따라 정해야 하겠죠.

과정이 어땠는지에 따라, 결과가 따라오지 않나요?

그럴 수도 있고 아닐 수도 있습니다. 열심히 공부했다고 해서 반드시 시험에 합격하는 건 아니니까요. 사실 과정과 결과가 일치하면 문제가 발생하지 않습니다. 예를 들어 과정과 결과 모두 나쁘다면 그 원인을 분명하게 진단할 수 있겠죠. 과정과 결과 모두 좋을 때도 비슷하게 접근하면 되고요. 그런데 과정과 결과가 엇갈리게 되면 혼란스러워집니다. 이럴 때는 무엇이 중요한지 선택해야 합니다. 여기 두 가지 상황이 있습니다. 어떤 선택을 할 것인가요?

---

1. 과정이 좋지 않은데, 결과가 좋다.
2. 과정은 좋은데, 결과가 나쁘다.

저는 아무래도 결과를 중요하게 생각해서요. 과정이 좋지 않더라도 결과만 좋다면 괜찮지 않을까요?

확실히 결과가 주는 달콤함은 무시할 수 없습니다. 아무리 과정이 훌륭해도 결과가 나쁘다면 손해 보는 기분이 들기도 하고요. 하지만 과정과 결과를 시간의 양으로 비교해 볼까요? 대부분의 시간은 과정으로 채워집니다. 뮤지컬 공연을 예로 들어 볼게요. 공연을 올릴 때 실제로 공연하는 시간보다 공연을 위해 연습하고 준비하는 시간이 대부분일 겁니다. 수능시험도 마찬가지인데요. 수능시험을 치르는 단하루를 위해 3년 이상을 치열하게 공부해야 하죠. 시간의 흐름을 점과 선으로 나타낸다면, 과정은 길게 이어지는 선이며, 결과는 선 위에 찍힌 점입니다. 그러니 들이는 시간으로 따지자면 과정과 결과 중 과정을 더 중요시해야 합니다. 과정에 압도적으로 더 많은 시간이 들어가니까요.

과정이 좋은데 결과가 나쁘다면, 과정을 살펴보며 교훈을 얻을 수 있습니다. 그리고 더 큰 결과를 얻기 위한 기반을 마련할 수 있고요. 그러나 과정이 좋지 않은데 좋은 결과를 얻었다면 나중에는 실패할 가능성이 클 것입니다.

예전에 공부하지도 않았는데 운 좋게 시험에서 좋은 결과가 나온 적이 있었어요. 운이라는 걸 알았기 때문에 다음 시험에는 열심히 공부해야겠다고 생각했죠. 그런데 막상 시험이 다가오니 이전과 똑같이 공부를 안 하게 되더라고요. 이번에도 지난번처럼 좋은 결과가 나오겠지? 이런 운에 기대했던 것 같아요. 결국 시험은 망했고요.

과정이 좋지 않은데 결과가 좋게 나오면 자만하게 되고, 요행을 바라기 쉬워집니다. 이아손과 메데이아만 봐도 알 수 있죠. 이아손은 메데이아의 도움으로 어려운 과업을 여러 번 해냈지만, 그 과정은 비도덕적이었습니다. 이아손도 메데이아의 방법이 너무 거칠고 잔인하다는 것을 알았겠죠. 하지만 계속된 성공에 취해 과정은 무시하게 된 것입니다. 두 사람의 끝은 결국 파멸이었고요. 좋은 결과가 주는 달콤한 열매에 현혹되어 과정을 무시하면 안 됩니다. 과정이 좋지 않다면 언젠가 결과도 틀어진다는 것을 꼭 기억해야 합니다.

저는 그동안 운 좋은 사람을 부러워하고, 저 혼자만 괜한 노력을 하는 건 아닌지 자책한 적이 있어요. 그런데 이제부턴 그런 생각을 하지 않을 수 있을 것 같아요. 과정이 좋지 않다면 결국 이아손과 메데이아처럼 불행한 결말을 맞이할지도 모르니까요.

현재 대한민국의 상황을 고려하면 과정을 더욱 중요시해야 합니다. 과거 우리나라는 기반 시설보다 인구가 많았습니다. 인프라가 부족한 사회였죠. 그래서 결과를 얻기 위한 경쟁이 합리적이고 효율적인 전략이었습니다. 그러나 미래에는 점점 기반 시설보다 인구가 적어질 것입니다. 개개인의 자율성과 창의성을 중시하는 사회로 변할 것입니다. 이런 사회에서는 결과보다 결과를 얻는 과정에서 만족과 행복을 느껴야 합니다. 그래야 결과에 집착하지 않고 행복한 삶을 살 수 있습니다.

중요한 논점이네요. 저도 지금까지 무엇을 하든 결과만을 강조하고 있던 건 아닌지 스스로 살펴봐야겠어요.

우리는 결과에 따라 과정을 함부로 평가하는 경향이 있습니다. 그러나 결과는 누적되어 온 과정에서 비롯되는 것입니다. 과정에 충실하면 좋은 결과를 얻을 확률이 높아집니다. 만일 메데이아가 아버지를 설득해서 황금 양털을 이아손에게 주었다면 어땠을까요? 삼촌 펠리아스를 극단적으로 살해하지 않고, 이올코스 주민들을 설득했다면 주민들의 도움을 받아 왕위에 오를 수 있지 않았을까요? 마지막으로 자신의 아이들을 죽이기 전, 메데이아가 이아손의 마음을 돌리려고 노력했다면 어떤 결과가 나왔을까요? 메데이아의 이야기 속 모든 과정이 아쉽게만 느껴집니다.

    결과는 물론 중요합니다. 하지만 과정도 중요합니다. 잠시 결과가 나쁘더라도 과정이 충실하다면 훗날 좋은 결과를 얻을 수 있습니다. 눈앞의 달콤함에 속아 과정을 무시하지 않도록, 언제나 과정의 중요성을 기억하시기 바랍니다.

결과 없는 내용은 무의미하고,
내용 없는 결과는 지루하다.

- 요한 크루이프

◆
시작보다
끝이 더 중요합니다

벨레로폰 Bellerophon

헤라클레스 이전 시대에
괴물을 처단해서 유명해진 영웅이다.
벨레로폰은 코린토스의 왕 글라우스코스의
아들로 태어났지만,
실제 그의 아버지는 포세이돈이다.

제우스와 벨레로폰
작자 미상 | 시대미상

그림의 제목은 〈제우스와 벨레로폰〉입니다. 하늘에서 떨어지는 남자가 바로 코린토스의 왕자 벨레로폰인데요. 페가수스Pegasus를 타고 하늘을 날아가던 중 갑자기 떨어지게 되었습니다. 그는 어쩌다 추락하게 되었을까요?

그림 위쪽에 있는 남성 때문인 것 같은데요. 이 남성이 제우스인가요?

맞습니다. 제우스가 구름 위에서 손을 뻗어 무엇인가를 지시하는 듯한 동작을 하고 있죠.

하늘에서 떨어지는 벨레로폰의 모습이 애처롭게 느껴져요. 도대체 벨레로폰에게 무슨 일이 있던 걸까요?

벨레로폰의 일생을 먼저 들려드리겠습니다. 코린토스 왕자 벨레로폰에게는 형 벨레로스Belleros가 있습니다. 그런데 벨레로폰이 실수로 형을 죽이게 됩니다. 아무리 실수였다지만 형을 죽인 벨레로폰의 죄는 용서받을 수 없었습니다. 벨레로폰은 고향에서 쫓겨나 죄책감에 사로잡혀 괴로운 나날을 보냈습니다. 죄를 용서받고 싶었던 벨레로폰은 델포이로 가서 신탁을 요청했습니다. 신탁은 이렇게 말했습니다. "티린스Tiryns의 왕을 찾아가 용서를 받으라." 신탁을 받은 벨레로폰은 서둘러 티린스의 왕을 찾아가 자신의 사정을 설명했습니다. 티린스의 왕은 벨레로폰의 말을 듣고 그의 죄를 용서했습니다.

와 정말 다행이네요. 벨레로폰이 조금이나마 죄책감을 덜고 남은 생을 행복하게 살았나요?

시작보다 끝이 더 중요합니다

애석하게도 벨레로폰에게 다른 문제가 생겼습니다. 티린스 왕의 아내가 벨레로폰에게 반해버린 것입니다. 왕비는 벨레로폰을 유혹하기 위해 노력했습니다. 벨레로폰은 이때 어떻게 행동했을까요?

당연히 거절했겠죠. 티린스 왕은 자신의 죄를 용서해 준 은인이잖아요.

벨레로폰은 단호하게 왕비의 유혹을 거절했습니다. 이에 화가 난 왕비가 왕에게 벨레로폰이 자신을 겁탈하려 했다며 거짓말을 했습니다. 왕은 분노하며 당장 벨레로폰을 죽이려 했습니다. 하지만 티린스에는 손님으로 온 자를 죽이지 말라는 전통이 있었죠. 그래서 벨레로폰을 직접 죽일 수는 없었습니다.

티린스 왕은 벨레로폰을 죽이기 위한 계책을 냈습니다. 다른 사람의 손을 빌리기로 한 것이죠. 티린스 왕은 벨레로폰에게 자신의 장인이자 리키아Lycia의 왕인 이오바테스Iobates에게 편지를 전해달라고 부탁했습니다. 티린스 왕에게 고마운 마음을 가지고 있던 벨레로폰은 즉시 편지를 가지고 리키아로 떠났습니다. 그런데 그 편지에는 무서운 비밀이 적혀 있었습니다. "편지를 가져온 자를 죽여라."라고 쓰여 있었죠. 이 편지를 들고 리키아에 도착한 벨레로폰의 운명은 어떻게 되었을까요?

사위의 부탁이니, 이오바테스가 벨레로폰을 죽이지 않았을까요?

아마 편지를 읽었다면 그렇게 했겠죠? 하지만 벨레로폰의 편지를 받은 리키아의 왕 이오바테스는 편지를 곧바로 읽지 않았습니다. 벨레로폰이 오자마자 이오바테스는 사위가 보낸 손님을 축하하기 위한 잔치를 벌였습니다. 사위가 보낸 손님이니 당연히 귀한 대접을 하고 싶었던 것이죠. 잔치는 열흘 동안 계속되었습니다. 그리고 열흘째 되는 날 이오바테스는 드디어 사위가 보낸 편지를 열어 보았는데요. 그는 깜짝 놀랄 수밖에 없었습니다. 그동안 친밀하게 지냈던 벨레로폰을 죽이라는 내용이었기 때문입니다.

이오바테스의 선택이 궁금해지네요.

편지를 읽은 이오바테스는 고민에 빠졌습니다. 그동안 벨레로폰과 친분을 쌓았기 때문에 차마 그를 죽일 수 없었거든요. 하지만 사위의 부탁을 무시할 수도 없었습니다. 그래서 이오바테스는 벨레로폰에게 리키아에서 가축과 농사를 망치는 키마이라Chimaera라는 괴물을 죽여 달라고 부탁했습니다.

이오바테스가 현명하네요. 벨레로폰이 괴물을 물리치면 나라의 큰 재앙을 해결하게 되니 좋은 일이고, 벨레로폰이 괴물에게 죽임을 당하면 사위의 부탁을 들어준 셈이니까요.

리키아에서 후한 대접을 받은 벨레로폰은 이오바테스의 부탁을 외면하기 어려웠습니다. 하지만 괴물을 물리치기도 쉽지 않았습니다. 워낙 악명 높은 괴물이었거든요. 그래서 벨레로폰은 예언자를 찾아가 도움을 요청했습니다. 그러자 예언자는 "포세이돈에게 제물로 황소를 바친 후 아테나 신전에서 하룻밤을 자라."고 알려주었습니다.

벨레로폰은 예언자의 말을 듣고 아테나 신전에서 잠을 청했습니다. 그때 꿈속에서 아테나 여신이 나타나 "황금 재갈과 고삐를 줄 테니 연못에 가서 페가수스를 잡아라."라고 일러주었습니다. 잠에서 깬 벨레로폰은 연못에 갔고, 정말로 거기서 페가수스를 얻었습니다. 이후 벨레로폰은 페가수스와 함께 괴물을 물리쳤습니다. 괴물을 물리쳤다는 소식에 리키아의 사람들은 환호성을 질렀죠.

페가수스는 많이 들어본 이름인데요? 정확히 어떤 존재인가요?

페가수스는 그리스 로마 신화에 나오는 동물로, 날개를 가진 말입니다. 사람을 돌로 변하게 만드는 메두사가 죽었을 때 목에서 흐른 피가 바다에 떨어졌는데, 그 피에서 페가수스가 탄생했다고 하죠.

유니콘처럼 신비로운 말이군요. 괴물을 물리친 벨레로폰은 어떻게 되었나요?

이오바테스는 사위의 부탁을 잊지 않았고, 계속해서 어려운 임무를 내려, 벨레로폰을 죽이려고 했습니다. 하지만 벨레로폰은 이오바테스가 부탁한 임무를 모두 해결했습니다. 급기야 이오바테스는 직접 군대를 이끌고 벨레로폰을 죽이려 했지만 이마저도 실패로 돌아갔습니다. 결국 이오테아스는 벨레로폰이 신들에게 특별한 총애를 받는 영웅이라 생각하게 됐고, 그를 죽이지 않기로 마음을 바꾸었습니다. 그리고 벨레로폰에게 사위가 보낸 편지를 보여주며 자신의 잘못을 용서해달라고 말했습니다.

　　편지를 본 벨레로폰이 화가 많이 났을 것 같아요. 그동안 자신을 속인 거나 마찬가지잖아요!

　　벨레로폰은 화내지 않았습니다. 이오바테스가 진심으로 사과했기 때문입니다. 그리고 아오바테스는 벨레로폰을 사위로 삼고 왕위 계승자로 임명하겠다고 했거든요. 더 이상 화낼 이유가 없었죠. 사람들은 오해와 역경을 이겨내고 용기 있는 모습을 보여준 벨레로폰을 칭송했습니다.

　　"불행 끝, 행복 시작!"이라는 말이 딱 맞네요. 모든 고난을 딛고 왕위 후계자까지 오른 벨레로폰의 삶이 마치 드라마의 한 장면 같아요.

그런데 벨레로폰의 드라마는 아직 끝나지 않았습니다. 처음에는 겸손한 모습을 보였던 벨레로폰은 시간이 흐르면서 오만하게 변했습니다. 사람들이 하나같이 전부 자신을 칭송했기 때문일까요? 결국 벨레로폰은 지상에서 왕으로 살아가는 것에 만족하지 못했고, 올림포스에 올라 신들과 함께 지내고자 했습니다. 자신을 신과 다름없는 존재라고 생각한 것이죠. 벨레로폰은 페가수스를 타고 하늘로 올라갔습니다. 이 모습을 본 제우스는 어이가 없었습니다. 아무리 뛰어난 영웅이라지만 감히 신과 맞먹으려 하다니, 화가 날만 했죠. 제우스는 번개를 쏘아 벨레로폰을 죽이려고 했는데요. 번개를 쏘기 직전 생각이 바뀌었습니다. 자신의 상징인 번개를 쏜다면 벨레로폰이 '제우스가 나를 죽이려고 무려 번개까지 쏴야 했다'라며 우쭐해질 것 같았거든요.

그래서 제우스는 작은 쇠파리를 보내 페가수스의 등을 쏘았습니다. 등을 쏘인 페가수스는 깜짝 놀라 몸부림을 쳤고, 벨레로폰은 그대로 땅에 떨어지고 말았습니다.

벨레로폰은 다행히 목숨은 건졌지만, 눈이 멀고 절름발이가 되어 평생을 비참하게 떠돌며 살았습니다.

마지막 순간,
더 조심해야 합니다

"시작이 반이다." 이 말을 들어본 적 있나요? 고대 그리스의 철학자 아리스토텔레스Aristoteles의 말입니다. 일단 결심하고 행동으로 옮기면 반은 성공했다는 뜻이죠. 그 밖에도 어떤 일을 할 때 시작이 중요하다는 명언은 무수히 많습니다. 그런데 말이죠, 정말 시작만 하면 반 정도는 끝냈다고 할 수 있을까요? 주위를 둘러보면 시작만 하고 마무리 짓지 못하는 사람이 참 많습니다. 시작한다고 그 일을 끝낼 수 있는 건 아닙니다. '작심삼일作心三日'이라는 말처럼 끝까지 노력하지 않으면 시작은 그냥 시작에 불과합니다.

정곡을 콕 찌르는 말이네요. 저도 항상 시작과 다르게 끝맺음을 제대로 하지 못할 때가 많거든요.

처음 일을 시작할 때 사람들은 열정이 넘칩니다. 그런데 시작은 요란했으나 허무하게 끝나는 경우도 많죠. 인간관계도 마찬가지입니다. 처음에는 영원할 것 같던 사이도 얼마 못 가서 끊어지기도 하죠. 왜 그럴까요?

시작보다 끝이 더 중요합니다

잘 모르겠어요. 사실 저는 일을 시작하고 끝을 제대로 끝내지 못하거든요. 저만 그런가요?

저만 해도 그렇습니다. 항상 시작을 중요하게 생각했거든요. 무엇이든 시작할 때는 열정을 불태우고, 좋은 시작을 위해 많은 시간과 노력을 들였습니다. 그런데 끝은 그리 좋지 않았는데요. 시작할 때와 달리, 일을 마무리할 때는 포기하거나 서두르는 경향이 많았습니다.

저만 그런줄 알았는데 다행이네요. 혹시 마무리를 제대로 할 수 있는 방법이 있을까요?

마무리를 제대로 하지 못하는 이유가 무엇일까요? 체력이 떨어졌거나 의지가 약해진 것일 수도 있고요. 혹은 애초부터 너무 큰 목표를 잡아서 실패할 수도 있습니다. 토론토 대학교 심리학과 조던 퍼터슨 Jordan Bernt Peterson 교수는 〈12가지 인생의 법칙〉[*]에서 힘든 시기가 오면 시간 단위를 짧게 끊어 생각하라고 조언합니다. 만약 다음 주가 걱정되면 우선 내일만 생각하고, 내일도 걱정된다면 앞으로 1시간 혹은 10분에만 집중하라고 합니다. 작은 심리 차이가 매일매일 반복되면 습관이 됩니다. 그리고 그 습관이 우리의 생활을 더 즐겁고 행복하게 만들어 줄 수 있습니다.

---

[*] 조던 B. 피터슨(2023). 12가지 인생의 법칙. 메이븐.

페이스를 조절할 수 있는 좋은 아이디어인데요? 저도 항상 초반에 에너지를 낭비해서 마무리가 아쉬웠거든요.

마무리를 맺지 못하는 보다 근원적인 이유로 휴브리스Hubris가 있습니다. 휴브리스는 성공 경험에 갇혀, 이것이 삶의 기준이 되어버린 상태를 말합니다. 성공을 지속하려면 다른 사람의 말을 경청하거나, 지금까지 하던 방식을 바꿔야 할 때가 많잖아요? 이를테면 초심을 잃지 않는 거죠. 그런데 어떠한 일을 하면서 자신이 성공했던 경험에 빠지면, 그 방식을 고집하고 수정하지 않게 됩니다. 마치 자신의 성공 방법을 공식이나 진리인 양 생각하는 것이죠. 그렇게 점점 휴브리스에 빠지게 되는 겁니다. 휴브리스에 빠진 사람은 남을 무시하거나, 지나치게 자랑하거나, 심지어 벨레로폰처럼 신에게 도전합니다. 결국 이런 오만과 독선이 큰 실패를 만들게 됩니다.

그렇다면 휴브리스를 어떻게 예방할 수 있나요?

성공의 순간에 찾아오는 오만이나 독선에서 벗어나려는 평정심을 유지해야 합니다. 다시 말해 겸손이라는 덕목을 지녀야 합니다. 저 역시 성공에 취해 주변의 말을 외면할 때가 있습니다. 그러한 자만으로 실패를 경험한 적도 있고요. 그래서 요즘에는 어떤 일이 술술 잘 진행되면 벨레로폰의 이야기를 다시 펼쳐봅니다. 그리고 지금 시작하려는 일, 진행 중인 일, 마무리하는 일을 점검하며 겸손이라는 말

시작보다 끝이 더 중요합니다

을 되새깁니다.

그리스 로마 신화에는 특히 휴브리스 사례가 많은 것 같아요. 그래서 이야기 속에서 더욱 겸손을 강조하는 걸지도 모르겠네요.

그리스 로마 신화뿐만 아니라 많은 고전에서 휴브리스 사례를 자주 볼 수 있습니다. 그만큼 사람이 성공하면 교만해지기 쉽다는 말이겠죠? 높은 자리에 올라가면 주변에서 나를 부르는 호칭부터 태도까지 달라집니다. 심지어 썰렁한 농담을 던져도 박장대소하며 웃어주지요. 그러므로 성공할수록 나를 더 많이 성찰하고 돌아봐야 합니다. 그렇지 않으면 휴브리스에 빠지기 쉽습니다.

아무래도 주변에서 그런 분위기를 만들면, 사람이 더욱 교만해질 수밖에 없으니까요.

'메멘토 모리 Memento mori'라는 말 들어본 적 있나요? '죽음을 기억하라'는 라틴어인데요. 옛날 로마제국 시대 전쟁에서 승리한 개선장군이 행진할 때 뒤따르던 노예가 소리치던 말이라고 합니다. 전쟁에서 승리했으나 우쭐대지 말라는 뜻이죠. 오늘은 개선장군이지만 너도 언젠가 죽을 것이니, 마지막 순간까지 방심하지 말라는 것입니다.

"죽음을 기억하라!" 의미심장하네요. 이런 외침을 들으면 개선장군이라도 정신이 번쩍 들겠어요.

드라마 〈미생〉에서도 휴브리스를 경계하는 명대사가 나오는데요.

"취해 있지 마라."

휴브리스에 빠져버린 사람을 관통하는 명쾌하고 날카로운 한 마디 아닌가요? 시작도 중요하지만 끝맺음도 중요합니다. 시작이 아름답지 못해도, 끝맺음을 잘하면 아름다운 결실을 얻을 수 있습니다. 반면 시작이 아무리 거창하고 아름다워도, 끝맺음을 제대로 하지 못하면 벨레로폰과 같은 처지가 될 수도 있는 것입니다. 페가수스에서 한순간에 추락한 영웅의 말로를 기억하십시오. 성공했을 때도, 실패했을 때도 우리는 평상심을 유지해야 합니다. 마지막 순간, 더 조심스럽고 신중해야 합니다. 언제나 겸손이라는 덕목을 잊지 마시기 바랍니다.

시작보다 끝이 더 중요합니다

중요한 건 '당신이 어떻게 시작했느냐'가 아니라
'어떻게 끝내는가'이다.

— 앤드류 매튜

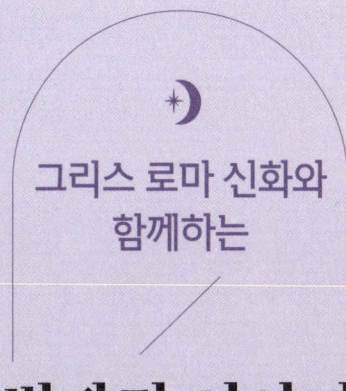

그리스 로마 신화와 함께하는

별자리 이야기

별자리는 하늘에 있는 별들을
이어서 그린 가상의 그림입니다.
고대 사람들은 별자리를 보며 상상의 나래를 펼치고
재미있는 이야기를 만들었죠.
혹시 여러분은 밤하늘의 별을 볼 때 별자리가 보이나요?
만약 보이지 않는다면 지금 소개해드릴
별자리 이야기를 읽어보세요.
'지즉위진간(知則爲眞看)', 아는 만큼 보인다고 했습니다.
고대 사람들처럼 별을 보며 상상의 나래를 펼치게 될 것입니다.

북쪽 하늘 별자리

　북극성이 있는 북쪽 하늘은 사계절 동안 볼 수 있는 별자리가 많습니다. 북쪽 하늘의 대표적인 별자리로는 작은곰자리, 큰곰자리, 카시오페아자리가 있습니다.

작은곰자리, 큰곰자리

　작은곰자리와 큰곰자리에는 칼리스토Kallisto와 그의 아들 아르카스Arcas에 관한 이야기가 담겨 있습니다. 옛날 아르카디아 도시에 칼리스토라는 여인이 살고 있었습니다. 칼리스토는 그리스어로 '가장 아름다운'의 어원이기도 한데요. 그녀의 미모는 눈이 부셨습니다. 칼리스토는 훌륭한 사냥꾼이었으며, 사냥의 신이자 처녀의 신인 아르테미스를 존경했습니다. 그래서 아르테미스를 모시기 위해 남자를 사랑하지 않겠다고 신에게 맹세했습니다.

어느 날 칼리스토가 숲에서 잠이 들었는데, 신들의 왕 제우스가 그녀를 보고 사랑에 빠졌습니다. 칼리스토는 제우스의 애정을 완강하게 거부했습니다. 그러자 제우스는 한 가지 꾀를 냈습니다. 제우스는 아르테미스로 변신하여 칼리스토에게 접근했고, 그녀는 결국 제우스를 받아들일 수밖에 없었습니다. 신과의 맹세를 지키지 못한 칼리스토는 슬픔과 외로움에 빠진 채 깊은 산속에서 숨어 살았습니다. 그리고 거기에서 제우스의 아들 아르카스를 낳았죠.

이 사실을 알게 된 제우스의 아내이자 가정의 여신 헤라는 매우 화가 났습니다. 헤라는 칼리스토에게 저주를 걸어 커다란 곰으로 변하게 했습니다. 그렇다면 칼리스토의 어린 아들은 어찌 되었을까요? 그녀의 아들 아르카스는 다행히도 친절한 농부에게 발견되어, 그의 손에 키워졌습니다. 칼리스토의 뛰어난 사냥 솜씨를 물려받은 아르카스는 훌륭한 사냥꾼으로 성장하게 되었죠. 그러던 어느 날, 사냥을 하던 아르카스는 곰으로 변한 어머니 칼리스토와 마주치게 됩니다. 아들을 발견한 칼리스토는 자신이 곰의 모습이라는 것을 잊고 아르카스에게 달려갔습니다. 하지만 불행하게도 아르카스는 다가오는 곰이 어머니라는 사실을 꿈에도 몰랐습니다. 그래서 곰을 향해 활을 쏘고 말았죠. 이 모습을 지켜보던 제우스는 재빨리 아르카스를 곰으로 만들고 칼리스토와 함께 하늘의 별자리로 만들었습니다. 작은곰자리와 큰곰자리는 이렇게 만들어졌습니다.

 그런데 헤라는 아직도 분이 풀리지 않았던 모양입니다. 두 별자리가 영원히 북쪽 하늘에서 머물도록 했거든요. 당시에는 별자리가 지평선 아래로 사라져 보이지 않으면 휴식을 취하는 거라고 생각했습니다. 하지만 큰곰자리와 작은곰자리는 북쪽 하늘에 머물러 있어, 매일 쉬지 못하는 운명에 처한 것이었죠. 사실 모든 잘못은 제우스에게 있습니다. 그런데도 벌은 칼리스토와 아르카스가 받았습니다. 애석하게도 우리 인생에는 이런 종류의 부조리가 참 많습니다. 잘못은 윗사람이 했는데 책임은 나에게 올 때가 종종 있습니다. 이럴 때 억울하다고 생각하며 괴로워하기보다 긍정적인 부분에 집중하는 편이 좋습니다. 칼리스토와 아르카스는 한시도 쉴 수 없는 북쪽 하늘에 매달렸으나, 그래도 둘이 함께 있어 다행이라고 생각하지 않았을까요? 부조리한 상황에 처한다면, 내가 바꿀 수 없는 부정적인 면보다 긍정적인 면에 조금 더 집중하길 바랍니다.

카시오페아자리

카시오페아자리에는 에티오피아 왕비 카시오페아Cassiopeia에 관한 이야기가 얽혀 있습니다. 카시오페아는 허영심이 강하고 오만했습니다. 그래서 자신과 딸 안드로메다Andromeda가 바다의 정령인 네레이데스Nereides보다 더 아름답다고 자랑했습니다. 그 이야기를 들은 네레이데스는 화가 났고, 바다의 신 포세이돈을 찾아갔습니다. 포세이돈은 인간 주제에 신보다 아름답다고 뽐내는 카시오페아가 못마땅했습니다. 그래서 에티오피아 해안에 바다 괴물을 보냈습니다.

바다 괴물은 에티오피아에 해일이라는 재앙을 내렸습니다. 결국 재앙을 멈추기 위해 에티오피아의 왕 케페우스Cepheus는 신탁을 요청했습니다. 신탁의 내용은 참담했습니다. "나라를 구하려면 공주 안드로메다를 제물로 내놓아라."

안드로메다는 해변가 바위에 쇠사슬로 묶여 괴물의 먹이가 될 운명에 처했습니다. 괴물이 다가올 때 메두사를 물리치고 돌아가던 영웅 페르세우스Perseus가 우연히 그 광경을 보았습니다. 안드로메다에게 반한 페르세우스는 그녀를 구출하여 아내로 삼았습니다. 포세이돈은 페르세우스의 용기를 인정하고, 신탁을 거두었습니다. 하지만 카시오페아는 용서하지 않았는데요. 그래서 그녀가 죽은 뒤 별자리로 만들어 버립니다. 카시오페아는 의자에 거꾸로 매달리는 별을 받게 되었죠. 우리가 보는 카시오페아자리의 W 모양은 카시오페아가 의자에 거꾸로 앉아있는 모양입니다.

　카시오페아자리를 보면 어떤 생각이 드나요? 저는 남과 비교하면서 상처 주지 말자는 다짐을 하곤 합니다. 내 실력이 뛰어나서 자신을 자랑하는 건 그나마 괜찮습니다. 그런데 상대방과 비교하며 나를 높이려는 행동은 하지 말아야 합니다. 만약 그런 모습을 보이게 된다면 고개를 들어 카시오페아자리를 들여다보십시오. 그녀는 아직까지도 북쪽 하늘에 매달려 벌을 받고 있으니까요.

봄철 별자리

봄철의 주요 별자리로는 사자자리, 목동자리, 처녀자리가 있습니다.

사자자리

사자자리에는 헤라클레스와 네메아의 사자에 관한 이야기가 전해집니다. 네메아의 사자는 트레토스 산에 사는 포악한 괴물이었습니다. 네메아의 사자는 여러 지역에 출몰해 사람을 죽이고 가축을 먹었습니다. 사람들은 사자를 죽이고 싶었으나 그럴 수 없었습니다.

평범한 사자와는 달리 어떤 무기에도 뚫리지 않는 튼튼한 가죽을 가졌기 때문입니다.

헤라클레스는 이런 무시무시한 사자를 물리치라는 과업을 받았습니다. 헤라클레스는 제우스와 알크메네Alcmene 사이에서 태어난 아들이었습니다. 그런데 제우스의 아내는 헤라잖아요? 헤라는 제우스의 바람기로 태어난 헤라클레스를 미워했습니다. 그래서 헤라클레스가 결혼을 하고 아이를 가지자 저주를 내렸습니다. 아이들이 적으로 보이게끔 저주를 내려 헤라클레스가 자신의 아이를 죽이게 만들었죠. 저주가 풀리고 죄책감에 빠진 헤라클래스는 죄를 용서받기 위해 12가지 과업을 수행하게 됩니다. 네메아의 사자를 물리치는 것은 그 12가지 과업 중 하나입니다.

네메아의 사자와 마주친 헤라클레스는 혈투를 벌였습니다. 그러나 자신의 칼이나 창으로는 사자의 질긴 가죽을 뚫을 수 없었죠. 이에 헤라클레스는 무기를 버리고 두 팔로 사자의 목을 졸랐습니다. 사자는 발버둥을 쳤지만 헤라클레스의 무시무시한 괴력으로 움직일 수 없었습니다. 결국 사자는 질식해서 죽었습니다. 헤라클레스는 사자의 발톱을 사용해 질긴 가죽을 벗겨내어 갑옷으로 만들었습니다. 제우스는 이런 아들이 참 자랑스러웠습니다. 그래서 죽은 사자를 하늘에 올려놓아 별자리로 만들었습니다. 참고로 사자자리 동쪽에는 곤봉을 들고 있는 위풍당당한 헤라클레스자리가 있습니다.

사자자리를 올려다볼 때마다 자식을 자랑스럽게 여기는 부모님의 모습이 떠오릅니다. 부모님은 우리가 어떤 모습을 보일 때 자랑스러워할까요? 성공이나 승진? 글쎄요. 저희 부모님은 제가 화목한 가정, 행복한 학급을 만들 때 자랑스럽다고 하십니다. 사자를 물리쳐 인간 세계에 평화를 가져온 헤라클레스를 자랑스럽게 여긴 제우스도 이와 비슷한 심정 아니었을까요?

목동자리

목동자리에 얽힌 이야기는 굉장히 많습니다. 어깨에 하늘을 짊어지게 된 거인 아틀라스Atlas라는 설도 있고, 작은곰자리에 등장하기도 하는 사냥꾼 아르카스에 관한 이야기라는 설도 있습니다. 여기서는 포도를 재배하는 이카리오스Icarius에 관한 이야기를 소개하려 합니다.

포도주와 풍요의 신인 디오니소스는 이카리오스에게 포도 재배 방법과 포도주 제조법을 알려줬습니다. 아테네의 농부였던 이카리오스는 포도주 만드는 방법을 알고 기분이 몹시 좋았습니다. 그래서 포도주를 만들어 친구들에게 대접했죠. 하지만 포도주를 처음 마셔본 친구들은 술에 취한 상태가 낯설었습니다. 그들은 이카리오스가 자신들에게 독약을 먹였다고 의심했습니다. 그들은 결국 이카리오스를 죽여버렸습니다. 죽은 이카리오스의 무덤을 찾은 이카리오스의 딸

에리고네Erigone와 사냥개 마이라Maera는 슬픔에 빠졌습니다. 에리고네는 아버지의 무덤에서 목을 매달고, 마이라는 절벽에서 뛰어내렸습니다. 이를 본 디오니소스는 이들이 너무 가여웠습니다. 그래서 이카리오스를 밤하늘 별자리인 목동자리로 만들었습니다.

  제 주변에도 술로 인해 어려움을 겪은 사람이 많습니다. 그래서 항상 술을 적당히 마시려고 노력합니다. 하지만 술을 마시다 보면 어느 순간 '적당히'에서 '기분 좋게'로 바뀌게 되죠. 술이 나를 이겨버리는 순간이 옵니다. 그럴 때마다 저는 목동자리의 슬픈 이야기를 떠올립니다. 잘못하면 죽을 수도 있다는 최악의 상황을 가정하면, 술을 마시더라도 정신이 번쩍 듭니다. '나는 살아야지.' 그리고 술잔을 내려놓게 된답니다.

처녀자리

  처녀자리에는 대지의 여신 데메테르와 그녀의 딸 페르세포네에 대한 이야기가 담겨있습니다. 지하 세계의 왕인 하데스는 데메테르의 딸 페르세포네를 보자 그녀의 아름다움에 빠져버렸습니다. 그래서 하데스는 페르세포네를 납치해 지하 세계로 데려갔죠. 이로 인해 어머니 데메테르의 슬픔으로 땅은 메말라갔고, 들판에서는 곡식이 나질 않았습니다.

더 이상 이 상황을 두고 볼 수 없었던 제우스는 하데스를 설득해, 페르세포네는 일 년 중 절반은 지하에서 머무르고, 나머지 절반은 지상에서 지내게 합니다. 그래서 매년 봄이 되면 페르세포네가 별자리가 되어 지하에서 동쪽 하늘로 올라오는 것이라 합니다.

처녀자리를 보면 문득 이런 의문이 듭니다. 페르세포네의 진심은 무엇일까요? 남편 하데스와 떨어져 어머니를 만나러 오는 페르세포네의 기분이 궁금해지는 겁니다. 지나친 집착은 고통과 근심을 낳는다는 말도 있잖아요. 어머니의 집착에서 반년 정도는 벗어날 수 있게 되어 오히려 행복할지도 모른다는 상상을 해보곤 합니다.

여름철 별자리

여름철 주요 별자리로는 백조자리, 거문고자리, 독수리자리가 있습니다. 세 별자리는 여름의 대삼각형을 이루고 있는 별자리이기도 합니다.

백조자리

백조자리에는 제우스가 백조로 변신한 이야기가 전해집니다. 어느 날 스파르타의 왕비 레다Leda를 본 제우스는 사랑에 빠지고 말았습니다. 제우스는 레다를 유혹하려 했지만, 그리 녹록치 않았습니다. 우선 레다는 스파르타의 왕 틴다레오스Tyndareus의 아내였거든요. 이미 결혼한 여인이었기 때문에 자신의 사랑을 받아주지 않을 가능성이 컸습니다. 다음으로 질투가 심한 아내 헤라의 감시도 문제였죠. 그래서 제우스는 백조의 모습으로 변신하여 레다의 앞에 나타났습니다.

　레다는 백조로 변한 제우스와 사랑을 나누고 2개의 알을 낳게 되는데요. 알에서 총 4명의 아이가 태어났습니다. 그중 하나는 카스토르Castor란 남자아이와 클리타임네스트라Clytemnestra라는 여자아이가 나왔습니다. 그리고 다른 하나의 알에서는 폴리데우케스Polydeuces라는 남자아이와 헬레네Helen라는 여자아이가 나왔습니다. 훗날 카스토르와 폴리데우케스는 로마를 지켜주는 위대한 영웅이 되었고, 헬레네는 절세 미인으로 트로이 전쟁의 원인이 되었습니다. 백조자리는 제우스가 레다와의 추억을 간직하기 위해 만들었다고 합니다. 신들의 왕임에도 불구하고 사랑하는 여인을 얻기 위해 동물로 변신하는 제우스의 열정이 대단하지 않나요? 백조자리를 볼 때마다 나는 제우스처럼 열정을 가진 적이 있는지 생각해봅니다. 아, 물론 제우스의 바람기를 부러워하진 않습니다. 오직 열정만 부러울 뿐입니다.

독수리자리

독수리자리의 주인공 역시 제우스입니다. 제우스와 헤라 사이에서 태어난 딸 헤베Hebe는 올림포스 산에서 신들에게 술을 따르는 역할을 맡고 있었죠. 그런데 헤베가 헤라클레스와 결혼한 뒤에는 그 역할을 그만두었습니다.

제우스는 헤베의 일을 대신할 아름다운 젊은이를 찾기 시작했습니다. 그리고 트로이에서 양들을 돌보고 있는 가니메데스Ganymede를 발견했습니다. 제우스는 독수리로 변신하여 가니메데스를 납치해 천상으로 데려왔습니다. 그후로 가니메데스는 헤베의 뒤를 이어 올림포스 산에서 신들을 위해 술을 따르게 되었다고 합니다. 제우스는 자신이 독수리로 변신한 것을 별자리로 새겼는데요. 그것이 바로 독수리자리입니다. 참고로 가니메데스는 훗날 물병자리로 새겨집니다.

인간으로서 신들이 거주하는 올림포스 산에서 일하게 된 것은 엄청난 출세라고 볼 수도 있죠. 하지만 아무리 좋은 자리라도 타인의 의지로 얻게 된다면 과연 행복한 삶이라고 볼 수 있을까요? 독수리자리를 보면 가니메데스가 신들에게 술을 따를 때 과연 어떤 마음이었을지 궁금합니다.

거문고자리

거문고자리에는 오르페우스Orpheus와 그의 아내 에우리디케Eurydice와 관련된 슬픈 이야기가 있습니다. 아폴론은 헤르메스에게 아름다운 소리가 나는 거문고(하프)를 받았습니다. 그리고 아폴론은 그 하프를 오르페우스에게 주었습니다. 오르페우스는 아폴론의 아들이자 음악의 천재였거든요. 오르페우스가 연주하는 하프 소리는 신과 인간은 물론 동물까지 반할 정도로 아름다웠습니다.

오르페우스에게는 에우리디케라는 아름다운 아내가 있었습니다. 그런데 불행하게도 에우리디케는 뱀에 물려 죽고 말았습니다. 슬픔을 참지 못한 오르페우스는 아내를 찾기 위해 지하 세계로 떠났습니다. 지하 세계에 도착한 오르페우스는 지하 세계의 왕 하데스와 그의 아내 페르세포네 앞에서 하프를 연주하며 에우리디케를 돌려달라고 간청했습니다. 하프 소리에 감동한 하데스는 오르페우스의 부탁을 들어주기로 했습니다. 다만 한 가지 조건을 걸었는데요. 지상 세계에 도착할 때까지 오르페우스가 뒤를 돌아보지 않아야 한다는 조건이었습니다. 오르페우스는 매우 기뻐하며 지상 세계로 떠났습니다. 그런데 아무리 귀를 기울여도 아내의 발걸음이 들리지 않는 것입니다. 지상 세계에 다다를수록 궁금증과 불안함은 더욱 커져만 갔습니다. 결국 오르페우스는 뒤를 돌아보고 말았습니다. 그러자 에우리디케는 다시 지하 세계의 어둠 속으로 사라지고 말았습니다.

실의에 빠진 오르페우스는 결국 죽음을 맞이했지만, 그의 하프에서는 여전히 구슬프고 아름다운 음악이 계속 흘러나왔습니다. 오르페우스의 음악에 매료되었던 제우스는 그의 하프를 하늘에 올려 그의 음악을 기억하게 했습니다.

'절대 뒤돌아보지 말라' 이런 금기는 그리스 로마 신화 외에도 성경이나 설화에 다양하게 등장합니다. 어릴 적 이런 이야기를 들을 때면 저는 뒤를 돌아본 주인공을 도무지 이해할 수 없었습니다. 하지만 지금은 다릅니다. 과연 나는 뒤돌아보지 않을 수 있을까요? 하데스에게 속은 것이 아닐까, 정말 아내가 뒤에 따라오는 것이 맞나 의심하다 무심코 뒤를 돌아보지는 않을까요? 그래서 거문고자리를 보면 의심이 많은 어른으로 변한 것 같아 슬픕니다.

가을철 별자리

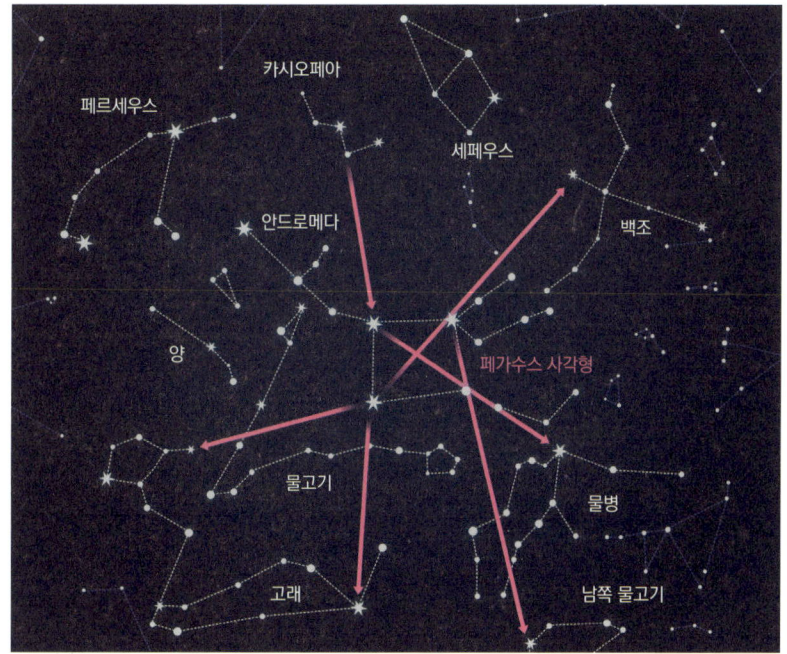

 가을철의 주요 별자리로는 페가수스자리, 안드로메다자리가 있습니다. 커다란 사각형 모양을 한 페가수스의 몸통을 가을 사각형이라고도 합니다.

페가수스자리

 페가수스는 날개가 달린 말로, 메두사의 피와 바다의 물거품으로 만들어졌습니다. 그렇다면 누가 페가수스를 만든 걸까요? 바로 메두사를 사랑했던 포세이돈입니다. 메두사는 본래 엄청난 미인으로 늘 자신의 아름다움을 자랑하고 다녔습니다. 심지어 아테나 여신보다 자신이 아름답다고 떠들었죠. 이를 지켜본 아테나 여신은 화가 났습니다. 바다의 신 포세이돈과 메두사가 자신의 신전에서 사랑을 나누자, 분노한 아테네가 메두사를 괴물로 만들어 버렸습니다. 그리고 괴물로 변한 메두사를 제우스의 아들 페르세우스가 죽였습니다.

포세이돈은 이를 안타깝게 여겼습니다. 자신 때문에 메두사가 괴물로 변했다고 생각했거든요. 마침 페르세우스가 안드로메다를 구하기 위해 바다 괴물과 싸울 때, 그가 들고 있던 메두사의 머리에서 피가 나왔습니다. 포세이돈은 메두사를 기리기 위해 바다에 떨어진 피로 페가수스를 만들었습니다.

시간이 흘러 벨레로폰이라는 청년이 페가수스를 얻게 되었습니다. 벨레로폰은 자신의 성공의 취해, 신이 되려 했던 사나이죠. 벨레로폰이 페가수스를 타고 올림포스 산에 올라가려는 순간, 제우스는 페가수스를 놀라게 만들어 벨레로폰을 땅에 떨어뜨립니다. 깜짝 놀란 페가수스는 은하수 속으로 들어갔고 이때 만들어진 별자리가 페가수스자리라고 합니다.

페가수스자리는 겸손과 떼어놓고 생각하기 어렵습니다. 괴물로 변한 메두사, 지상으로 추락한 벨레로폰 모두 겸손하지 못해 벌을 받았기 때문입니다. 계속된 성공은 때때로 사람을 자만하게 만들 수밖에 없습니다. 그럴 땐 페가수스자리의 이야기와 함께 겸손을 떠올리길 바랍니다.

안드로메다자리

안드로메다는 케페우스 왕과 그의 아내 카시오페아 사이에서 태어난 에디오피아 공주입니다. 허영심이 많은 카시오페이아로 인해 포세이돈의 미움을 사게 되고, 포세이돈이 보낸 바다 괴물은 에티오피아를 황폐하게 만들었습니다.

재앙을 멈추기 위해 에티오피아의 왕 케페우스는 신탁을 요청했습니다. 신탁에서는 나라의 멸망을 피하려면 공주 안드로메다를 제물로 바치라고 했죠. 나라를 위해 제물이 된 안드로메다에게 바다 괴물이 다가오는 그 순간, 우연히 페르세우스가 이를 목격하게 되고, 안드로메다를 구하게 됩니다. 이후 페르세우스는 안드로메다와 결혼하여 여섯 명의 아들과 한 명의 딸을 낳았습니다. 안드로메다가 죽자 아테나 여신은 그녀를 페르세우스와 카시오페아의 곁에 별자리로 만들어 주었습니다.

안드로메다자리를 보면 '전화위복轉禍爲福'이라는 말이 떠오릅니다. 제물로 바쳐질 운명에 처한 안드로메다가 별자리가 될 줄 누가 알았을까요? 불행한 순간에 빠져도 끝까지 포기하지 않는 마음을 가질 필요가 있습니다. 인생은 어떻게 될지 모르니까요.

겨울철 별자리

겨울철의 주요 별자리로는 오리온자리와 큰개자리, 작은개자리가 있습니다. 참고로 겨울에는 별이 더 또렷하게 보입니다. 날씨가 차고 건조할수록 대기가 투명해지기 때문입니다.

오리온자리

　오리온자리의 주인공은 바다의 신 포세이돈의 아들 오리온Orion입니다. 그는 뛰어난 사냥꾼으로 달과 사냥의 여신인 아르테미스와 서로 사랑하는 사이였습니다. 하지만 아르테미스의 오빠인 아폴론은 이들의 사랑을 못마땅하게 생각했습니다. 어떻게 하면 둘을 갈라놓을지 고심했습니다. 그러던 어느 날 아폴론은 바다 멀리서 사냥하고 있는 오리온을 발견했습니다. 아폴론은 오리온을 과녁 삼아 아르테미스와 활쏘기 내기를 했습니다. 아르테미스는 바다 저멀리 있는 과녁이 동물이라고 생각하여 내기를 승낙했습니다. 사냥의 여신답게 아르테미스는 과녁을 정확하게 명중시켰습니다. 그런데 막상 가까이 다가가니 자신이 쏘아 죽인 것은 사랑하는 연인 오리온이었습니다.

　아르테미스는 큰 슬픔에 빠져 한동안 눈물로 보냈습니다. 시간이 흐르고 아르테미스는 오리온에 대한 사랑을 영원히 간직하고 싶었습니다. 그래서 제우스에게 오리온을 언제라도 볼 수 있게 해달라고 간청했습니다. 제우스는 아르테미스의 부탁을 받아들여 오리온을 하늘의 별자리로 만들어 주었습니다.

　오리온자리를 보면 아폴론의 잔인함이 느껴집니다. 그리고 오빠와의 활쏘기 내기를 쉽게 승낙한 아르테미스의 성급함이 안타깝게 느껴집니다. 사랑하는 연인을 자신의 손으로 죽게 했으니 얼마나 슬펐을까요?

큰개자리

큰개자리는 오리온자리 옆에 있습니다. 그래서 작은개자리와 함께 뛰어난 사냥꾼인 오리온의 사냥개였다는 이야기가 전해지고 있습니다. 또 다른 이야기로는 프로크리스Procris의 사냥개라는 이야기가 있습니다.

새벽의 여신 에오스Eos의 시녀 중에는 매우 아름다운 프로크리스라는 요정이 있었습니다. 프로크리스는 케팔로스Cephalus와 결혼했는데요. 이때 여신 에오스가 이 둘의 결혼을 축하하며 라이라프스Laelaps라는 이름의 사냥개를 선물로 주었습니다. 어떤 동물도 쫓아올 수 없을 만큼 빠른 발을 가진 사냥개였죠.

어느 날 테베에는 밤마다 가축과 어린이들을 잡아먹는 여우가 나타났습니다. 사냥꾼들은 여우를 잡으려 했지만, 여우는 꾀도 많고 속도도 빨라 좀처럼 잡히지 않았습니다. 심지어 화살을 쏴도 맞혀 죽일 수 없었죠. 결국 사냥꾼들은 여우를 잡기 위해서는 라이라프스가 필요하다는 결론에 도달했습니다. 그래서 케팔로스에게 라이라프스를 빌려달라고 부탁하고, 케팔로스가 이를 승낙했습니다. 여우가 나타나자 라이라프스는 화살보다 빠르게 여우의 뒤를 쫓았습니다. 하지만 여우도 포기하지 않고 끈질기게 도망갔습니다. 라이라프스는 몇 달 동안이나 여우를 쫓았고 간신히 여우를 잡을 수 있었습니다. 여우로부터 사람들을 지킨 라이라프스는 공로를 인정받아 하늘의 별자리인 큰개자리가 되었습니다. 참고로 여우는 작은개자리가 되었다고 합니다.

저는 새해 들어 미라클 모닝이라는 원대한 목표를 세웠습니다만, 실천과 포기를 반복하고 있습니다. 큰개자리를 보고 있자면 왠지 이런 저를 찬찬히 되돌아보게 됩니다. 포기하지 않고 끝까지 여우를 쫓은 라이라프스의 근성과 끈기를 본받고 싶은가 봅니다.

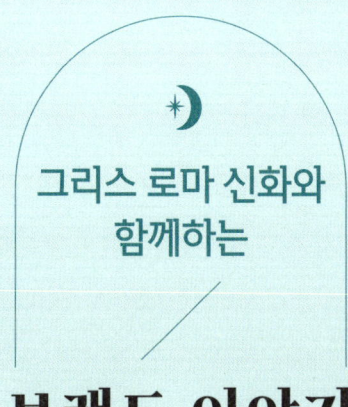

그리스 로마 신화와 함께하는
브랜드 이야기

그리스 로마 신화는 우리 삶과 어떤 관련이 있을까요?
우리 생활 속에서 가장 가까이 신화를 만날 수 있는 건
브랜드 로고가 아닐까 싶습니다.
많은 기업에서 신화 속 상징적인 이미지와 이름을
사용해 브랜드 가치를 높입니다.
그리고 사람들에게 친숙하게 다가가고 있죠.
지금부터 각각의 브랜드에서
어떻게 신화를 표현하고 있는지 함께 알아볼까요?

스타벅스-세이렌

그리스 로마 신화에 등장하는 세이렌은 바다의 요정입니다. 〈오디세이아〉에 등장하기도 하며, 상반신은 아름다운 여인이지만 하반신은 새나 물고기 형태라고 합니다. 세이렌은 바다에 살며 아름다운 노랫소리로 지나가는 배의 선원들을 유혹하여 바다에 빠트려 죽입니다. 영웅 오디세우스도 세이렌이 있는 길목을 지나갔는데요. 다행히 자신을 돛대에 묶고 선원들의 귀를 막아 무사히 탈출할 수 있었다고 합니다. 아름다운 노래로 선원을 유혹하여 죽음에 이르게 만드는 세이렌, 바로 '치명적인 유혹'의 상징입니다. 스타벅스 로고는 세이렌의 모습을 형상화한 것인데요. 세이렌의 달콤한 노랫소리처럼 중독적인 커피 맛으로 사람들을 유혹하겠다는 뜻을 담고 있습니다.

네이버-헤르메스

헤르메스는 여행자, 상업, 무역, 도둑, 거짓말쟁이의 신입니다. 제우스의 메시지를 전달하는 전령이며, 신과 신 혹은 신과 인간 사이의 소통도 담당했습니다. 헤르메스는 날개 달린 모자인 페타소스와 날개 달린 신발 탈라리아, 교미 중인 뱀이 꼬여 있는 모양의 지팡이 케뤼케이온을 가지고 다닙니다. 그중 헤르메스의 날개 달린 모자는 네이버 기업에서 포털 사이트 검색창에 사용하고 있는데요. 날개 달린 모자를 통해 누구보다 정보를 신속하게 전달하겠다는 뜻을 담고 있습니다. 그 밖에도 혼다 오토바이에서 헤르메스의 날개 달린 신발 이미지를 사용하여 빠른 이동이 가능하다는 뜻을 담기도 했고요. 세계보건기구, 대한의사협회, 응급의료센터 등은 헤르메스의 마법 지팡이 문양을 의술의 상징으로 사용하고 있습니다.

베르사체-메두사

메두사는 아테네 여신의 저주를 받아 흉측한 모습으로 변한 괴물이자 마녀입니다. 메두사에게는 그녀의 눈을 직접 쳐다본 사람을 돌로 굳게 만드는 신비한 마법의 힘이 있습니다. 패션 브랜드 베르사체는 메두사의 머리 활용하여 로고 이미지를 제작했는데요. 베르사체의 제품을 한번 본 순간 돌처럼 굳어 눈을 뗄 수 없게 한다는 의미를 담았다고 합니다 화려한 색상과 대담한 디자인, 창조적인 아이디어가 담긴 의상을 제작하는 베르사체 브랜드 이미지와 딱 맞아떨어지는 로고인 듯합니다.

헤라-헤라

대한민국의 대표 화장품 중 하나인 헤라의 브랜드명은 결혼과 가정의 신 헤라의 이름에서 가져왔습니다. 신들의 왕 제우스의 아내인 헤라는 올림포스 여신 중의 최고 여신입니다. 그녀는 제우스도 무시하지 못할 정도로 막강한 권력을 지니고 있으며, 여신 중에서도 매우 고귀하고 우아한 자태를 내뿜습니다. 헤라 브랜드는 여신의 이름을 그대로 활용하여 화장품 브랜드 내에서 최고가 되겠다는 의미를 담고 있습니다.

이지스함-아테네

아테네 여신은 아테네 지역을 수호한 지혜의 여신이자 전쟁의 여신입니다. 그녀는 항상 투구와 방패, 창을 들고 전쟁터에 나갔는데요. 이때 이지스라 불리는 방패는 최고의 장인 헤파이스토스가 제작했다고 합니다. 이지스는 무엇이든 막을 수 있는 방패이며, 메두사의 목을 방패 중앙에 매달아 더욱 강력한 힘을 갖게 되었습니다. 무적의 방패 이지스의 이름을 따 만든 군함이 바로 '이지스함'입니다. 이지스함은 이지스 방패처럼 어떤 공격이든 막아내는 방공전투함이라는 뜻을 담았습니다.

나이키-니케

세계적인 스포츠 브랜드 나이키의 로고가 참 인상적이지 않나요? 날렵한 부메랑이 날아가는 모양을 지닌 나이키의 로고는 승리의 여신 니케Nike의 날개와 옷자락에 흐르는 선에서 영감을 받았습니다. 그래서 승리를 표현하는 V를 부드럽게 뉘어 놓은 현재의 로고를 만들었습니다. 나이키 브랜드 이름 또한 알파벳 Nike를 그대로 쓰되, 발음만 영어식 나이키라고 발음하도록 사명을 지었습니다. 나이키의 로고는 열정적인 스포츠 정신과 승리의 의지를 표현하며 현재 세계적인 스포츠 브랜드로 자리 잡았습니다.

마세라티-포세이돈

이탈리아 명차 마세라티 하면 가장 먼저 떠오르는 이미지는 단연코 삼지창일 겁니다. 마세라티 엠블럼으로 대표되는 삼지창은 볼로냐의 마조레 광장을 대표해 온 '넵튠의 분수'에서 영감을 받았다고 합니다. 참고로 넵튠Neptune은 그리스 신화에서 바다의 신 포세이돈으로 불립니다. 바다의 신의 강인함과 활력을 상징하는 삼지창은 약 100년간 마세라티를 대표하며, 브랜드의 발전과 성공의 모든 순간을 함께했습니다.

그 밖의 브랜드로는 자양강장제 박카스가 있습니다. 이는 술의 신 바쿠스의 이름에서 유래했습니다. 참고로 바쿠스는 로마식 이름이며 그리스 신화에서 디오니소스라고 불립니다.

초코파이로 유명한 오리온제과도 신화 속 포세이돈의 아들이자 아르테미스의 연인이었던 오리온에서 유래했습니다.

속옷 브랜드 비너스는 미의 여신 비너스에서 유래했습니다. 참고로 비너스는 그리스 신화에서 아프로디테로 불립니다.

일본의 카메라 브랜드 올림푸스는 그리스 신들의 거처하는 올림포스 산에서 유래했습니다.

참고문헌

* 김헌(2022). 김헌의 그리스 로마 신화. 을유문화사.
** 에디스 해밀턴(2017). 그리스 로마 신화. 현대지성.
*** 조지프 캠벨(2020). 다시, 신화를 읽는 시간. 더퀘스트.

첫 번째 이야기, 내면

매번 인정받고 싶은 나, 괜찮은 건가요?_파에톤
* 장 폴 사르트르(2013). 닫힌 방. 민음사.
** 오타 하지메(2020). 인정받고 싶은 마음. 웅진지식하우스.
*** 에노모토 히로아키(2023). 인정 욕구. 피카.
**** 진성섭(2022). 콤플렉스로 읽는 그리스 신화. 42미디어콘텐츠.

피할 수 없는 운명, 받아들여야 할까요?_오이디푸스
* 박영규(2023). 그리스 로마 신화 신박한 정리. 김영사.

참을 수 없는 유혹, 어떻게 하면 좋을까요?_오디세우스
* 루시 모드 몽고메리(1908). 빨간 머리 앤.
** 호메로스(BC 900년경). 오디세이아.

직장 생활에 회의감이 듭니다_시시포스
* 알베르 카뮈(1942). 시지프 신화.
** 빅터 프랭클(2020). 빅터 프랭클의 죽음의 수용소에서. 청아출판사.
*** 키어런 세티야(2024). 라이프 이즈 하드 Life is Hard. 민음사.
**** 요한 볼프강 본 괴테(1755). 파우스트.

나도 모르게 꼰대가 되었습니다_크로노스
* 스쿤(2021). 당신만 모르는 인생을 바꾸는 대화법. 미디어숲.

두 번째 이야기, 성장

겸손하면 성공한다. 과연 맞을까요?_아라크네
* 딕 티비츠(2008). 용서의 기술. 알마.
** 이동규(2022). 이동규 교수의 두줄칼럼. 한국표준협회미디어.

*** Tangney, J. P. (2000). Humility: Theoretical perspectives, empirical findings and directions for future research. Journal of Social and Clinical Psychology, 19(1), 70-82.

당신은 어떤 멘토가 있나요?_텔레마코스, 아테네
- * 신영준(2016). 졸업선물. 로크미디어.
- ** 안데르스 에릭슨(2016). 1만 시간의 재발견. 비즈니스북스.
- *** 고영성, 신영준(2017). 완벽한 공부법. 로크미디어.

노력은 배신하지 않을까요?_헤파이스토스
- * 말콤 글래드웰(2019). 아웃라이어. 김영사.
- ** 안데르스 에릭슨(2016). 1만 시간의 재발견. 비즈니스북스.

도전과 안정, 무엇을 선택할 것인가요?_오디세우스
- * 문화체육관광부(2021). 2021년 국민독서실태조사.
- ** 류성창(2023). 교사를 위한 마음공부. 지노.
- *** 호메로스(BC 900년경). 오디세이아.

당신의 열정은 남아있나요?_제우스
- * 'Find Your Passion' Is Awful Advice(2018). The Atlantic.
- ** 부키(2019). 열정의 배신. 칼 뉴포트.
- *** 스콧 애덤스(2015). 열정은 쓰레기다. 더퀘스트.

세 번째 이야기, 관계

좋은 관계, 적당한 관심에서 시작합니다_페르세포네
- * 레프 톨스토이. 톨스토이 이솝우화.

협업이 필요한가요?_제우스
- * 존중하는 습관(2016). 바톤 골드스미스. 처음북스.
- ** 테아 싱어 스피처(2019). 협업의 시대. 보랏빛소.
- *** 이우창, 김지유(2015). 협업 프로세스가 열정과 재능을 살린다. DBR.

약속은 모두 지켜야 하나요?_스틱스
- * 한비자(2016). 한비자. 휴머니스트.

- ** 이윤기(2020). 이윤기의 그리스 로마 신화. 웅진지식하우스.

주변에 쓴소리하는 사람이 있나요?_카산드라
- * 이안 로버트슨(2013). 승자의 뇌. 알에이치코리아.
- ** 호메로스(BC 900년경). 오디세이아.

직장 상사와 잘 지낼 수 있을까요?_프로메테우스
- * 양창순(2022). 나는 까칠하게 살기로 했다. 다산북스.

네 번째 이야기, 균형

내 삶에 변화를 주고 싶어요_카오스, 코스모스
- * 이동규(2022). 이동규 교수의 두줄칼럼. 한국표준협회미디어.
- ** 이윤기(2020). 이윤기의 그리스 로마 신화. 웅진지식하우스.

단순한 희망은 절망의 시작입니다_판도라
- * 테라코다(2022). 재벌집 막내아들. 산경.
- ** 모리스 마테를링크(1906). 파랑새.
- *** 영화 〈뮬란〉

원칙과 융통성, 무엇이 더 중요할까요?_프로크루스테스
- * 강남길(2023). 강남길의 명화와 함께 후루룩 읽는 그리스 로마 신화. 델피스튜디오.

과정과 결과, 무엇이 더 중요한가요?_메데이아
- * 이동연(2018). 심리학으로 들여다본 그리스 로마 신화. 평단.

시작보다 끝이 더 중요합니다_벨레로폰
- * 조던 B.피터슨(2023). 12가지 인생의 법칙. 메이븐.
- ** 드라마 〈미생〉

그리스 로마 신화와 함께하는 별자리 이야기
- * 재클린 미튼(2019). 그리스 신화 속 별자리 이야기. 이마주.

그리스 로마 신화와 함께하는 브랜드 이야기
- * 김요한(2017). 미디어로서의 로고 - 신화를 기반으로 한 상업적 로고를 중심으로. 브레히트와 현대연극, 0(37) 293-311.

세상에 밀리지 않는
심리기술
Feat. 그리스 로마 신화

2025년 1월 초판 1쇄

지은이 류성창

기획 김진희
디자인 강소연
펴낸곳 (주)넷마루

주소 08377 서울 구로구 디지털로33길 48 대륭포스트타워7차 20층
전화 02-597-2342 **이메일** contents@netmaru.net
출판등록 제 25100-2018-000009호

ISBN 979-11-93752-06-7 (03180)

Copyright © netmaru, 2025
이 책의 저작권법에 따라 보호를 받는 저작물이므로 무단 복제 및 무단 전재를 금지합니다.

책값은 뒤표지에 있습니다. 잘못 만들어진 책은 구입한 곳에서 바꿔 드립니다.